EL NIÑO PERDIDO

También por Dave Pelzer

El niño sin nombre

El Niño Perdido

Un pequeño en búsqueda del amor de una familia

Dave Pelzer

Health Communications, Inc.
Deerfield Beach, Florida

www.hcibooks.com

Datos de Publicación son disponible en catalogo a través de la Biblioteca de Congreso

Título original: *The Lost Boy: A Foster Child's Search for the Love of a Family*

ISBN-13: 978-0-7573-0167-4
ISBN-10: 0-7573-0167-3

Editor: HCI Español
Un sello de Health Communications, Inc.
3201 S.W. 15th Street
Deerfield Beach, Florida 33442-8190

R-07-07

Diseño de la portada por Lawna Patterson Oldfield
Diseño del interior del libro por Dawn Von Strolley Grove

A los profesores y educadores que me rescataron:
Steven Ziegler,
Athena Konstan,
Joyce Woodworth,
Janice Woods,
Betty Howell,
Peter Hansen,
la enfermera de la Escuela Elemental Thomas
Edison y
el agente de policía de Daly City.

A mi ángel de la guarda, la asistenta social:
Pamela Gold.

A mis padres de acogida:
Tía Mary,
Rudy y Lilian Catanze,
Michael y Joanne Nulls,
Jody y Vera Jones,
John y Linda Walsh.

A los que me guiaron con mano
amable pero firme:
Gordon Hutchenson,
Carl Miguel,
Estelle O'Ryan,
Dennis Tapley.

A mis amigos y mentores:
David Howard,
Paul Brazell,
William D. Brazell,
Sandy Marsh,
Michael A. Marsh.

En recuerdo de Pamela Eby,
que dedicó su vida a salvar a los niños
de la Florida.

A mis PADRES, Harold y Alice Turnbough,
porque siempre confiaron en mí,

Y, finalmente, a mi HIJO, Stephen,
cuyo amor sin condiciones por lo que soy y
lo que hago es lo que me mantiene vivo.
Te quiero con toda el alma y todo el corazón.

Gracias a todos, porque *"se necesita a toda una comunidad para salvar a un niño."*

Indice

Agradecimientos

Este libro no hubiera sido posible sin la dedicación de Marsha Donohoe, la extraordinaria editora de Donohoe Publishing Projects. Marsha no sólo corrigió el original de la primera versión del texto, sino que también pasó a máquina, editó y corrigió la versión impresa para agilizar el proceso de publicación. Además, mantuvo la rígida perspectiva cronológica que transmite el texto a través de los ojos de un niño asustado. Para Marsha no había nada imposible.

Gracias a Christine Belleris, Matthew Diener y Allison Janse del departamento de edición por su actitud profesional a lo largo del proceso de producción de este libro; en especial a Matthew, por guiarnos y ocuparse de todas nuestras necesidades y exigencias de última hora sin perder la sonrisa.

A Irene Xanthos y Lori Golden del departamento de ventas de Health Communications, Inc. por su genuina sinceridad. Y a Doreen Hess por su amabilidad.

Reconocimiento enorme merecen Laurel Howanitz y Susy Allen de *Hot Guests* por su dedicación. Gracias por creer en este proyecto.

A Cindy Edloff, por sus esfuerzos y su tiempo.

Gracias en especial a los dueños y empleados del *Coffee Bazaar* de Guerneville, California, porque nunca me faltó el café, por permitir que Marsha y yo nos instaláramos sin problemas y por dejarnos la "mesa grande", lo que hizo posible que nos sintiéramos como en casa y nos adueñáramos de la tranquilidad de su local.

Nota del autor

Algunos de los nombres del libro se han cambiado para proteger el honor y la privacidad de ciertas personas.

Al igual que en la primera parte de la trilogía, *El niño sin nombre,* esta segunda parte trata de reproducir el habla de un niño. El tono y el vocabulario reflejan la edad y los conocimientos del niño durante la infancia.

El niño sin nombre narraba la vida del niño desde los cuatro hasta los seis años. Este libro cuenta su vida desde los doce hasta los dieciocho años.

CAPITULO

1

La huida

Daly City, California, verano de 1970. *Estoy solo. Tengo hambre y tiemblo en la oscuridad. Estoy sentado con las manos bajo los muslos, en las escaleras del sótano. Tengo la cabeza echada hacia atrás. Hace horas que se me durmieron las manos. El cuello y los músculos de los hombros me duelen mucho, pero eso no es ninguna novedad: he aprendido a controlar el dolor.*

Soy el prisionero de mi madre.

Tengo nueve años y llevo años viviendo así. Cada día lo mismo. Me despierto en un camastro del ejército que hay en el sótano, hago las tareas de la casa y, si tengo suerte, puedo desayunar lo que mis hermanos han dejado. Voy al colegio, robo algo de comida, vuelvo a casa y me obligan a vomitar en el inodoro para demostrar que no he cometido el crimen de robar comida.

Mi madre me da una paliza o me somete a alguno de sus crueles "juegos", hago más tareas caseras, me siento al final de las escaleras y espero a que me avisen para acabar mis tareas. Entonces, si he acabado las tareas a tiempo y no he cometido ningún "crimen", quizás me den algo de comer.

Mi día se acaba cuando mi madre me da permiso para irme a dormir al camastro, donde me encojo para retener el calor del cuerpo. Dormir es el único placer de mi vida. El único momento en que puedo escapar de mi vida. Me gusta soñar.

Los fines de semana son peores. Sin colegio, hay menos comida y paso más tiempo en casa. Lo único que puedo hacer es imaginarme lejos de casa, en cualquier lugar, donde sea. Llevo años siendo la oveja negra de la familia, me recuerdo siempre metido en líos y castigado. Al principio pensaba que era un niño malo; después pensé que mi madre estaba enferma porque se comportaba de otra forma cuando mis hermanos no estaban y papá había ido a trabajar, pero de alguna manera siempre supe que mi madre y yo teníamos una relación especial. También me di cuenta de que, por algún motivo, yo era el único objetivo de la rabia incontrolada y el placer enfermizo de mi madre.

No tengo casa. No tengo familia. Dentro de mí siento que no merezco que me quieran, que se preocupen por mí o que me consideren un ser humano. Soy un niño sin nombre.

Estoy solo.

Arriba empieza la discusión. Son las cuatro pasadas, de manera que mis padres deben estar borrachos. Empiezan los gritos: primero los insultos, después las palabrotas. No pasa ni un minuto antes de que empiecen a hablar de mí. Siempre lo hacen. El sonido de la voz de mi madre me revuelve el estómago: —¿Qué quieres decir con eso?— le grita a mi padre, Stephen. —¿Te parece que trato mal "al niño"? ¿Eh?—. Entonces su voz se vuelve helada. Me la imagino señalando a mi padre con el dedo. —Escúchame bien. No tienes ni idea de cómo es "ese niño". Si te parece que lo trato mal, pues que se vaya a vivir a otra parte.

Me imagino a mi padre, quien a pesar de los años que han pasado aún trata de defenderme en cierta forma, haciendo girar los cubitos de hielo del vaso. —Cálmate— empieza —lo único que quiero decir es, bueno, ningún niño merece vivir así. Por Dios, Roerva, tratas a los perros mejor que al niño.

La discusión sube de tono. Mi madre estrella el vaso contra el mármol de la cocina. Papá se ha pasado de la raya. Nadie le dice a mi madre lo que tiene que hacer. Tendré que pagar por esto. No tardará mucho en decirme que suba. Me voy preparando. Incluso saco las manos de debajo del trasero, pero no del todo: a veces viene a controlarme. Sé que no puedo mover ni un pelo sin su permiso.

Me siento muy pequeño. Sólo me gustaría poder...

Mi madre abre la puerta del sótano sin avisar.

—¡Tú!— me chilla. —¡Sube aquí ahora mismo!

Subo las escaleras de un tirón. Espero a que me dé permiso antes de abrir la puerta. Sin decir nada, me acerco a mi madre y espero órdenes.

Vamos a jugar a los buenos modales. Tengo que quedarme quieto, a un metro de ella, con las manos pegadas a las piernas, la cabeza inclinada en un ángulo de 45 grados y la vista baja. Cuando me dé la primera orden, tengo que levantar los ojos por encima del busto, pero no puedo mirarla a la cara. A la segunda orden, tengo que mirarla a los ojos, pero en ningún caso puedo hablar, respirar o mover un solo músculo, a menos que ella me dé permiso para hacerlo. Mi madre y yo hemos jugado a este juego desde que tenía siete años, de manera que se ha convertido en algo rutinario dentro de mi absurda existencia.

De repente, mi madre se acerca y me agarra la oreja derecha. Sin querer, me encojo. Con la mano que le queda libre, mi madre me castiga con una sonora bofetada. Su mano es sólo una sombra hasta que me alcanza la cara. No veo demasiado bien sin gafas y, como hoy no hay colegio, no me dejan llevarlas. Me duele la mejilla. —¿Quién te ha dicho que te muevas?— me dice socarrona. Tengo los ojos abiertos, fijos en una mancha de la alfombra. Mi madre me observa antes de arrastrarme de la oreja hasta la puerta principal.

—¡Voltéate!— me grita. —¡Mírame!—. Pero hago trampas. Por el rabillo del ojo miro a papá. Bebe un sorbo del vaso. Sus hombros, antes fuertes, ahora están caídos. Su trabajo como bombero en San Francisco, la bebida y la relación con mi madre le han pasado la factura. El que fuera mi héroe, conocido por sus esfuerzos rescatando niños de edificios en llamas, es ahora un hombre derrotado. Bebe otro sorbo antes de

que mi madre empiece de nuevo: —Tu padre opina que te trato mal. Bueno, ¿y tú qué opinas? ¿Eh? ¿Qué opinas?

Me tiemblan los labios. Por un momento no sé lo que se supone que debo decir. Mi madre debe saberlo y estará disfrutando el "juego". Sea como sea, estoy perdido. Me siento como un insecto al que van a aplastar. Abro la boca; la tengo seca, con los labios pegados. Tartamudeo.

Antes de que pueda decir una palabra, mi madre me retuerce la oreja, que siento como si ardiera. —¡Que te calles! ¡Nadie te ha dado permiso para hablar! ¿O sí? ¿Eh?— me chilla.

Busco a papá con la vista. Unos segundos más tarde, al parecer se apiada de mí. —Roerva— dice —esa no es manera de tratar al niño.

Me quedo rígido y mi madre me retuerce de nuevo la oreja, pero esta vez mantiene la presión, lo que me obliga a ponerme de puntillas. Mi madre se ha puesto roja como un tomate. —¿Así que le trato mal? Yo... —. Se señala el pecho con el dedo y continúa: —Lo que me faltaba. Stephen. Si crees que lo trato mal, bueno, ¡pues que se vaya de mi casa!

Estiro las piernas y el tronco para estar un poco más alto, preparado para cuando mi madre vuelva a tirar de las orejas. De repente me suelta y abre la puerta. —¡Fuera!— grita. —¡Fuera de mi casa! ¡Me disgustas! ¡No te quiero ni ver! ¡Nunca te he querido! ¡Vete de mi casa de una puñetera vez!

Me quedo petrificado. Nunca hemos jugado a esto. La cabeza me da vueltas pensando qué será lo que quiere mi madre. Tengo que pensar rápido si quiero sobrevivir. Papá se planta frente a mí. —¡No!— dice. —¡Ya basta! Se acabó, Roerva. Para. Deja en paz al niño.

Mi madre se interpone entre papá y yo. —¿No?— pregunta con voz sarcástica. —¿Cuántas veces me has dicho lo que tengo que hacer con el niño? Que si el niño esto, que si aquello. El niño, el niño, el niño. *¿Cuántas veces, Stephen?—. Se acerca y le toca el hombro, como si le pidiera un favor; como diciéndole que sus vidas pudieran ser mucho mejores si yo no viviera con ellos, si yo no existiera.*

Dentro de la cabeza me explota una idea: —¡Claro! ¡Ahora me doy cuenta!

Sin pensarlo dos veces, papá la interrumpe. —¡No!— repite en voz baja. —¡Esto está mal!— agrega, mientras me señala con la mano. Por su voz me doy cuenta de que no le queda fuerza. Está a punto de llorar. Me mira y sacude la cabeza antes de mirar a mi madre. —¿Dónde va a vivir? ¿Quién se ocupará de...?

—Stephen, ¿no lo entiendes? ¿No lo entiendes? Me importa una mierda lo que le pase. El niño *me importa una mierda.*

La puerta se abre. Mi madre sonríe mientras sostiene el picaporte. —Bien, de acuerdo. Que decida el niño—. Se agacha, la tengo a dos dedos de la cara. Le apesta el aliento a alcohol. Tiene la mirada fría y llena de odio. Ojalá pudiera salir corriendo, volverme al sótano. Con voz grave, mi madre dice: —Si te parece que te trato tan mal, puedes largarte.

Me muevo un poco y me arriesgo a mirar a papá. Él no me ve, está bebiendo. No sé qué pensar. No entiendo este juego. Entonces me doy cuenta de que no es un juego. Me cuesta unos segundos entender que ésta es mi oportunidad, mi ocasión de escapar. Llevo años queriendo escaparme, pero una fuerza invisible me impedía hacerlo. Pero esto es demasiado fácil. Quisiera mover las piernas, pero no me responden.

—¿Entonces qué?— me chilla mi madre al oído. —Es tu decisión—. Parece como si el tiempo se hubiera parado. Con la mirada fija en el suelo, oigo a mi madre cuchichear: —No se irá. El niño

no se largará nunca. No tiene cojones.

Me siento temblar por dentro. Cierro los ojos y deseo estar lejos de allí. En mi mente me veo atravesando la puerta, y sonrío. Me muero de ganas de marcharme. Mientras más me imagino saliendo por la puerta, más siento una calidez que me va llenando el alma. De pronto, siento mi cuerpo moverse. Mis ojos se abren. Miro los tenis gastados. Mis pies están cruzando el umbral. —¡Dios mío!— pienso —¡no puedo creer que esté haciendo esto!—. De puro miedo, ya no me atrevo a parar.

—Ya lo ves— proclama triunfal mi madre. —El niño *lo ha hecho. Fue su decisión. No lo he obligado. Recuérdalo, Stephen. Que sepas que yo no lo he obligado a nada.*

Cruzo la puerta, pero sé que mi madre me alcanzará y me obligará a volver. Tengo los pelos de punta. Apresuro el paso. Pasada la puerta, giro a la derecha y bajo los escalones rojos. A mis espaldas, oigo todavía a mi madre y a papá discutir, ahora asomados a la puerta para mirarme. —Roerva— dice papá en voz baja — esto no está bien. —¡Calla!— contesta ella con voz inflexible. —Recuerda que ha sido decisión suya. Además, seguro que vuelve.

Estoy tan contento que casi me tropiezo y me voy escaleras abajo. Me agarro a la barandilla para no caerme. Llego hasta el camino, luchando por controlar la respiración. Giro a la derecha, camino hasta la calle y cuando estoy seguro de que nadie me ve desde la casa, echo a correr. Calle arriba me detengo, sólo por un instante, para voltearme a mirar la casa.

Me agacho, apoyo los brazos sobre las piernas, jadeando. Espero escuchar en cualquier momento el sonido de la camioneta de mi madre. Todo parece demasiado sencillo. Mi madre no me dejará marcharme, aparecerá en cualquier momento. Cojo fuerzas y aprieto el paso. Llego hasta Crestline Avenue y miro hacia la casa verde. Ningún auto sale a toda velocidad del garaje. Nadie me persigue. No hay gritos ni golpes. No estoy sentado en las escaleras del sótano, no me pegan en las rodillas con la escoba, no me encierran en el baño entre vapores de amoniaco y Clorox.

Me volteo al oír un auto que se acerca. Le saludo con la mano.

Aunque llevo unos pantalones andrajosos, una camiseta de manga larga roída y unos tenis deshechos, estoy contento. No tengo frío. Me digo que nunca volveré. Tras años viviendo con miedo, sobreviviendo a las palizas y comiendo lo que escarbaba de los contenedores de basura, sé que sobreviviré.

No tengo amigos, ni lugar donde caerme muerto, nada, pero sé hacia donde quiero ir. Hacia el río. Hace años, cuando aún era un miembro más de la familia, cada año íbamos al Russian River en Guerneville. Los mejores días de mi vida fueron los que pasé mientras aprendía a nadar en Johnson's Beach, cuando corría por el Super Slide, iba de paseo al anochecer y jugaba con mis hermanos en un enorme tronco que había junto a nuestro refugio. El recuerdo del olor de los árboles gigantes y de la belleza del río me hace sonreír.

No sé exactamente dónde está Guerneville, pero sí que está al norte del puente Golden Gate. Supongo que me llevará algunos días llegar hasta allí, pero no me importa. Una vez allí puedo sobrevivir robando pan y salami de algún supermercado; dormiré en Johnson's Beach mientras escucho el sonido de los autos que cruzan el puente colgante que lleva a la ciudad. Guerneville es el único lugar en que me he sentido seguro. Desde que era un mocoso, supe que allí era donde quería vivir. Una vez llegue a Guerneville, sé que me quedaré allí el resto de mi vida.

Echo a andar Eastgate Avenue abajo y empiezo a sentir frío. Se ha puesto el sol y la niebla sube desde el mar cercano. Me meto las manos debajo de los sobacos y sigo andando. Me castañetean los dientes. La huida ya no parece tan emocionante como hace un momento. Comienzo a pensar que quizá, sólo quizá, mi madre tuviera razón. Por mucho que me pegara y me chillara, al menos el sótano era más caliente que la calle. Además, me digo, sí es cierto que digo mentiras y robo comida. Quizá sí merezca que me castiguen. Me paro un momento a repensar mi plan. Si me regreso, me gritará y me pegará, pero ya estoy acostumbrado a eso. Si tengo suerte, mañana me dará algunas sobras de la cena y pasado podré robar comida en el colegio. Lo único que tengo que hacer es volver. Sonrío. He sobrevivido cosas peores.

Me paro en seco. La idea de volver a la casa no me parece nada mal. Además, me digo, nunca voy a encontrar el río de todas maneras. *Me doy vuelta. Mi madre tenía razón.*

Me imagino sentado en las escaleras, temblando de miedo, asustado por los ruidos que vienen de la planta de arriba. Contando los segundos, aterrorizado al comenzar cada tanda de anuncios de la tele, a la espera de algún ruido. Mi madre se levanta, se acerca a la cocina para servirse una copa y me chilla que suba, para zurrarme hasta que no me aguante de pie. Tal vez ni siquiera pueda arrastrarme por el suelo.

Odio los anuncios de la tele.

El sonido de un grillo me devuelve a la realidad. Intento buscar al insecto y me paro cuando creo que lo tengo cerca. Cesa el chirrido. Me quedo quieto. Si lo agarro, quizás me lo pueda meter en el bolsillo y será mi mascota. Cuando me agacho para cogerlo, oigo el sonido de la camioneta de mi madre a mis espaldas. Me escondo detrás de un auto estacionado cerca antes de que me alcancen las luces de los faros. El vehículo avanza calle abajo. El sonido chirriante de los frenos de mi madre se me mete en los oídos. Me está buscando. Tiemblo. Cierro los ojos con fuerza mientras las luces se van acercando. Espero oír como se para el auto y mi madre se baja dando un portazo, antes de agarrarme y meterme a empujones en la camioneta. Cuento los segundos. Abro despacito los ojos, me doy vuelta y puedo ver las luces traseras prenderse antes de oír el chirriar de los frenos. ¡Se acabó! ¡Me ha atrapado! En cierta manera, me siento aliviado. La caza me ha dejado exhausto. Vamos, vamos, me digo. Acaba de una vez, vamos.

El auto pasa junto a mí.

¡No lo puedo creer! Salgo de mi escondite y me quedo mirando al reluciente vehículo de dos puertas que frena a cada rato. Me siento mareado, se me encoge el estómago, tengo náuseas. Me acerco con paso errático al jardín de un vecino e intento vomitar. Después de varias arcadas, sin resultado puesto que tengo el estómago vacío, me siento a mirar las estrellas. Veo claros de cielo a través de la niebla. Las estrellas brillan sobre mi cabeza. Intento recordar cuánto hacía que no salía a la calle así. Respiro profundamente.

—¡No!— grito. —¡No voy a volver! ¡Nunca volveré!—. Me doy vuelta y camino calle abajo, en dirección norte, hacia el puente Golden Gate. Unos segundos después veo el auto, ahora estacionado en una entrada. Los anfitriones reciben a una pareja al pie de la escalera. A través de la puerta se oyen risas y música. Me pregunto cómo será que te reciban en una casa. Cuando paso por otra casa, mi olfato detecta olor a comida y no pienso más que en encontrar algo que comer. Es sábado por la noche, lo que significa que no he comido nada

desde el viernes por la mañana en el colegio. Comida, *pienso,* tengo que encontrar comida.

Un poco más tarde me acerco a mi antigua iglesia. Hace años, madre nos envió a mis dos hermanos, Ron y Stan, y a mí a clases de catecismo por las tardes durantes algunas semanas. No voy a la iglesia desde que tenía siete años. Abro la puerta con cuidado. Rápidamente siento el calor que atraviesa los agujeros de mis pantalones y mi delgada camiseta. Cierro la puerta intentando hacer el menor ruido posible. El sacerdote recoge los libros de los bancos. Me escondo detrás de la puerta, espero que no me vea. El sacerdote se acerca a los bancos de detrás. Me gustaría tanto poderme quedar, pero... Cierro los ojos, como para absorber el calor del momento, antes de alcanzar la puerta con la mano.

Una vez fuera, cruzo la calle, donde hay una hilera de tiendas. Me paro frente a una local de donuts. Una mañana, hace años, padre se paró frente a una tienda de donuts antes de llevarnos al Russian River. Fue un momento mágico para mí. Ahora miro el cristal y los dibujos animados que hay pintados en él, unos animales gordos y alegres que explican el proceso de fabricación de los donuts.

El olor a pizza que viene de la izquierda hace que gire la cabeza. Paso algunas tiendas de largo antes de pararme frente a una pizzería. Se me hace la boca agua. Abro la puerta sin pensarlo dos veces y en un momento ya estoy en la parte de atrás del local. Me cuesta ajustar la vista a la oscuridad. Distingo una mesa de billar, jarras de cerveza que chocan unas con otras y oigo risas. Me siento observado y me retiro a una esquina. Busco comida que haya dejado alguien. Como no encuentro nada, me acerco a la mesa de billar, que acaban de dejar dos hombres que estaban jugando. Me encuentro una moneda de veinticinco centavos sobre la mesa y le pongo la mano arriba lentamente. Miro a mi alrededor antes de arrastrar la moneda hasta el borde de la mesa y hacerla caer en mi otra mano. Está caliente. Disimulando, trato de alejarme. Oigo una voz tronar sobre mi nuca, pero procuro ignorarla. Alguien me agarra el hombro por detrás. Me quedo quieto, a la espera de un golpe en la cara o en la barriga. —Muchacho, ¿se puede saber qué haces?

Me volteo hacia la voz, pero no puedo levantar la vista.

—Te he preguntado que qué estás haciendo— insiste la voz.

Levanto la vista y veo a un hombre con un delantal blanco manchado de salsa de tomate. Se pone las manos en las caderas mientras espera una respuesta. Intento responder, pero tartamudeo: —Bueno, yo, na... Nada.

El hombre me pone la mano en el hombro y me lleva al fondo del bar. Entonces se detiene y se agacha: —Oye muchacho, me tienes que dar la moneda.

Sacudo la cabeza para decirle que no. Antes de que pueda inventarme algo, me dice: —Mira chico, te he visto coger la moneda. Ahora devuélvela. Los tipos aquellos la necesitan para jugar al billar—. Cierro el puño. Con esa moneda me puedo comprar comida, tal vez incluso un trozo de pizza. El hombre no deja de mirarme. Abro los dedos poco a poco y dejo caer la moneda sobre la mano del hombre. Él se la lanza a un par de hombres que sostienen palos de billar. —Gracias, Mark— le grita uno de ellos.

—No ha sido nada—. Intento marcharme, caminando hacia la puerta, pero Mark me agarra. —¿Qué haces aquí? ¿Por qué has robado la moneda?

Me encierro en mí mismo y miro al suelo. —Oye, muchacho— dice Mark, levantando la voz —te he hecho una pregunta.

—No he robado nada. Yo... yo pensaba que... Quiero decir, que he visto la moneda y...y...

—Primero, te he visto robar la moneda y, segundo, los chicos la necesitan para jugar al billar. Además, ¿que ibas a hacer tú con una moneda de veinticinco centavos?

Siento cómo me sube una erupción de rabia. —¡Comida!— exploto. —Lo único que quería era comprar un trozo de pizza, ¿está bien?

—¿Un trozo de pizza?—. Mark se ríe. —Pero tú, ¿de dónde has salido? ¿De Marte?

Intento buscar una respuesta. Me siento vacío por dentro. Respiro hondo y dejo caer los brazos.

—Bueno, bueno, cálmate. Ven siéntate en un taburete— me dice con voz dulce. —Jerry, dame una Coca-Cola—. Mark me mira. Procuro esconder los brazos en las mangas, para que no se vean los golpes y moretones. No quiero mirarle. —¿Seguro que estás bien?— me pregunta.

Sacudo la cabeza de lado a lado. ¡No!, *me digo.* ¡Claro que no estoy bien! ¡Nada está bien! *Me gustaría contárselo todo, pero ...*

—Anda, bebe—, me dice mientras me acerca un vaso de Coca-Cola. Agarro el vaso rojo de

plástico con las dos manos y sorbo en la pajilla hasta que se acaba el refresco.

—Oye muchacho— pregunta Mark —¿cómo te llamas? ¿Tienes casa? ¿Dónde vives?

Estoy avergonzado. Sé que no puedo responderle. Hago como si no le hubiera oído.

Mark asiente con la cabeza. —No te muevas— me dice mientras coge el vaso. Le veo llenar el vaso detrás de la barra mientras se acerca al teléfono. Estira el cable del auricular para llegar a servirme otra Coca-Cola. Después de colgar, se vuelve a sentar a mi lado. —¿Me quieres contar qué te pasa?

—Mi madre y yo no nos llevamos bien— murmuro, esperando que nadie me oiga. —Ella, bueno, ella... me dijo que me fuera.

¿No crees que estará preocupada?— me pregunta.

—¿Ella preocupada? ¿Está bromeando? —se me escapa. Cuidado, *me digo,* ¡cállate la boca! *Doy golpecitos en la barra con el dedo, mientras intento alejarme de Mark. Miro a los dos hombres jugando al billar y a otros que hay a su lado, cómo ríen, comen y la pasan bien.*

Ojalá yo fuera una persona real.

Me siento mal otra vez. Bajo del taburete y me volteo hacia Mark. —Tengo que marcharme.

—¿Adónde vas?

—Mmm. Tengo que irme.

—¿Tu madre te ha echado de verdad?

Sin mirarle, asiento con la cabeza.

Mark sonríe. —Me apuesto lo que quieras a que está muy preocupada por ti. Mira, te diré lo que vamos a hacer. Dame el número de tu casa y yo la llamo, ¿te parece?

Empiezo a ponerme nervioso. La puerta, *me digo,* tienes que salir corriendo. *Miro a un lado y a otro en busca de una salida.*

—Vamos muchacho. Además— dice Mark las cejas —no te vas a ir ahora que te estoy preparando una pizza. Con todo.

Levanto la cabeza instintivamente. —¿De verdad?— grito. —Pero... pero si no tengo...

—Oye muchacho, no te preocupes por eso. Espérame aquí—. Mark se levanta y avanza hacia la puerta. Me sonríe desde una ventana de la cocina. Se me hace la boca agua. Me veo comiendo un plato caliente; no un pedazo de pan rancio u otra porquería de un bote de basura, sino una comida de verdad.

Pasan unos minutos. Estiro el cuello para ver si vuelve a aparecer Mark.

Un agente de policía vestido de uniforme azul

oscuro entra en el local. No le doy importancia hasta que Mark se acerca a él. Los dos hombres caminan juntos, después Mark asiente con la cabeza y me señala con el dedo. Me doy vuelta y busco una salida en la parte trasera. Nada. Me volteo de nuevo hacia Mark. Se ha ido, igual que el policía. Miro a todos lados, buscando a los dos hombres. Los dos han desaparecido. Falsa alarma. Empiezo a respirar más despacio, el corazón ya no va tan deprisa. Sonrío.

—Perdona, jovencito— levanto la vista y veo a un agente de policía que me sonríe. —Me parece que tienes que venir conmigo.

¡No!, *me digo,* ¡No pienso moverme! *Mis dedos se aferran al fondo del taburete y busco a Mark. No me puedo creer que haya llamado a la policía. Parecía simpático; me había dado una Coca-Cola y me había prometido comida. ¿Por qué me habrá hecho esto? Odio a Mark, pero todavía me odio más a mí mismo. Sabía que tenía que haber pasado de largo. Nunca, nunca debería de haber entrado en la pizzería. Tenía que haber salido de la ciudad lo antes posible. ¡Cómo he podido ser tan idiota!*

Sé que he perdido. Siento que he agotado las pocas fuerzas que me quedaban. Me gustaría tanto encontrar un rincón para acurrucarme y poder dormir. Me bajo del taburete. El agente de policía camina detrás de mí. —No te preocupes— me dice —vas a estar bien—. Casi no oigo lo que me está diciendo. Lo único que pienso es que ella *está en algún lugar ahí fuera, esperándome. Voy de regreso* a la casa, *bajo el poder de* mi madre. *El policía me acompaña hasta la puerta. —Gracias por llamarnos— le dice el agente a Mark.*

Clavo la mirada en el suelo. Estoy furioso. Me niego a mirar a Mark. Ojalá fuera invisible.

—Oye, muchacho— Mark sonríe mientras me pone una caja blanca entre las manos. —Te dije que te daría una pizza.

La cabeza me da vueltas. Le sonrío. Niego con la cabeza. Sé que no me lo merezco. Le devuelvo la caja. Por un segundo, no existe nada más en el mundo. Le leo la mirada y sé que me entiende. Sin palabras, comprendo lo que me está diciendo. Le miro fijamente. —Gracias, señor—. Mark me acaricia la cabeza. Me embriaga el olor que sale de la caja.

—Tiene un poco de todo. Y recuerda muchacho, tienes que ser fuerte. Estarás bien— me dice mientras salgo por la puerta con mi premio entre las manos. La caja está caliente. Afuera, la niebla cubre la calle, donde hay una patrulla estacionada en mitad de la vía. Me acerco la caja

al pecho. Puedo sentir la pizza deslizarse hasta el fondo de la caja mientras el agente me abre la puerta delantera. Oigo el ligero ruido de la calefacción del auto. Muevo los pies para entrar en calor. El agente camina hacia el asiento del conductor. Se sienta en el auto y coge el micrófono. Una voz dulce de mujer le contesta. Me volteo para volver a mirar hacia la pizzería. Mark y un grupo de adultos están en la puerta, con cara de frío. Mientras el auto se aleja, Mark levanta la mano, hace el signo de la paz y se despide. Uno a uno, los otros sonríen al unirse al saludo.

Se me hace un nudo en la garganta. Siento un gusto salado en la boca, por las lágrimas. Sé que echaré de menos a Mark. Me miro los tenis y muevo los dedos de los pies. Uno se sale por un agujero.

—Bueno— dice el policía. —¿Es la primera vez que subes a una patrulla?

—Sí, señor— respondo. —¿Estoy, quiero decir, me he metido en algún lío?

El agente sonríe. —No. Sólo estamos preocupados. Es un poco tarde y eres demasiado pequeño para estar por ahí solo dando tumbos. ¿Cómo te llamas?

Me miro el dedo del pie; está sucio.

—Vamos. No tiene nada de malo que me digas tu nombre.

Carraspeo. No quiero hablar con el policía; no quiero hablar con nadie. Cada vez que abro la boca me acerco más a las garras de mi madre. Pero, ¿qué puedo hacer?, *me digo. La remota posibilidad que tenía de escapar hacia el río se ha esfumado. No me importa, mientras no tenga que volver con ella. Unos segundos después respondo al policía: —Da, Da, David— tartamudeo. —Me llamo David.*

El agente sonríe y yo también. Me dice que soy un niño muy simpático. —¿Cuántos años tienes?

—Nueve.

—¿Nueve? Un poco pequeño, ¿no?

Empezamos a hablar. No puedo creer el interés que muestra el agente. Siento que le caigo bien. Estaciona frente a la comisaría y me acompaña a la planta inferior, a una habitación vacía con una mesa de billar en el medio. Nos sentamos junto a la mesa y el agente me dice: —Hey, David, deberíamos atacar la pizza antes de que se enfríe.

Asiento fuertemente con la cabeza. Abro la caja y me agacho para empaparme del aroma. —Entonces, David— pregunta el policía—¿dónde has dicho que vivías?

Me quedo helado. Las delicias que cubren mi trozo de pizza caen al suelo. Me volteo. Esperaba que hubiera olvidado por qué me había recogido.

—Vamos, David. Estoy realmente preocupado por ti—. Me mira fijo a los ojos. No puedo apartar la mirada. Con cuidado, dejo el trozo de pizza en la caja. El agente se acerca y me acaricia la mano. Sin poder evitarlo, me contraigo. Antes de que vuelva a intentarlo, aparto la vista. Grito en mi interior: ¿No lo entiendes? ¡Mi madre no me quiere, no quiere tenerme cerca, no quiere saber nada de mí! ¿Oíste bien? Así que déjame en paz, que me vaya. ¿Está bien?

El policía aparta la silla de la mesa antes de hablar con voz suave: —David, estoy aquí para ayudarte. Quiero que lo sepas y que sepas que me voy a quedar contigo todo el tiempo que haga falta—. Se acerca y me levanta la barbilla con el dedo. Las lágrimas corren por mis mejillas, tengo mocos. Sé que no tengo escapatoria. No me atrevo a mirar al policía a la cara.

—Crestline Avenue, señor— digo en voz baja.

—¿Crestline Avenue?— pregunta el agente.

—Sí, señor. Crestline Avenue, número 40.

—David, has hecho lo que debías. Sea cual sea el problema, seguro que lo podemos arreglar.

Le doy el número de teléfono y el agente desaparece un instante. Cuando vuelve, coge otro trozo de pizza.

Yo cojo el trozo que había dejado antes. Está blando y frío. Me muero de ganas de comer, pero tengo la mente a años luz de allí. El policía procura calmarme con una sonrisa: —Todo va a salir bien.

¡Mentira!, *me digo.* Hace muchos años que no me siento seguro y querido. *Tenía cinco años el día que mi familia me estaba esperando al pie de una pequeña colina cuando terminé el kindergarten. Todavía puedo ver la cara de mamá irradiando amor mientras me gritaba: —¡Vamos, cariño! ¡Vamos, David!—. Me abrió la puerta del auto después de darme un abrazo, luego la cerró y nos fuimos en dirección al río. Aquel verano, mamá me enseñó a flotar en el agua. Yo tenía miedo, pero mamá se quedó conmigo hasta que aprendí. Yo estaba tan orgulloso mostrándole cómo flotaba, para que ella viera que ya era un chico grande, que merecía su atención y cariño. Aquel verano fue el mejor de mi vida, pero ahora, sentado frente al agente de policía, sé que nada volverá a ser como antes. Mis buenos tiempos no son más que recuerdos.*

El agente levanta la vista. Me volteo y me encuentro a mi padre de pie detrás de mí, vestido con una camisa roja de algodón. Otro policía le hace un gesto al agente que está sentado a mi lado. —¿El señor Pelzer?— pregunta el policía que tengo al lado.

Mi padre asiente con la cabeza. Los dos se van a un despacho y el policía cierra la puerta. Me gustaría oir lo que se están diciendo. Seguro que hablan de mí y de mis problemas con mi madre. Me alivia que no haya venido ella, *aunque sé que nunca se atrevería a enfrentarse con las autoridades. Utiliza a papá para el trabajo sucio. Controla a papá, al igual que pretende controlar a todo el mundo, pero tiene que guardar el secreto. Nadie debe saber nunca de nuestra relación. Pero sé que las cosas se le están yendo de las manos, que está perdiendo el control. Trato de comprender lo que eso significa. Para sobrevivir, tengo que ser más listo que ella.*

Unos minutos más tarde se abre la puerta del despacho. Sale papá y le da la mano al policía. El agente se acerca a mí y se agacha. —David, todo ha sido un malentendido. Tu padre me cuenta que te has enfadado cuando tu madre no te ha dejado montar en bicicleta. No tenías que huir de casa por eso. Así que, vete con tu padre y haz las paces con tu madre. Tu padre dice que ella está muy preocupada por ti—. Entonces cambia el tono de voz y me señala con el dedo: —Y no vuelvas a escaparte. Espero que hayas aprendido la lección. Vaya usted a saber lo que te hubiera podido pasar ahí fuera—, me dice, mientras apunta a la ventana.

Me quedo de pie frente al policía, completamente anonadado. No puedo creer lo que estoy oyendo. ¿Montar en bicicleta? ¡Si ni siquiera tengo una! ¡Nunca he montado en bicicleta! Me volteo a ver si es que está hablando con algún otro niño. Papá me mira. Tiene la mirada vacía. Me doy cuenta de que se trata de otra de las historias inventadas por mi madre para cubrirse. Era de esperar.

—Y, David—, me dice el agente, —tienes que tratar a tus padres con dignidad y respeto. No sabes la suerte que tienes.

Mi mente no responde. Lo único que oigo es "la suerte que tienes, la suerte que tienes" una y otra vez. Tiemblo cuando papá cierra la puerta del auto. Respira profundo antes de acercarse a mí. —¡Jesús, María y José, David!— dice mientras arranca y pisa el acelerador. —¿Qué diablos estabas pensando? ¿Te das cuenta de lo que has hecho? ¿Sabes lo mal que lo ha pasado tu madre?

Giro la cabeza hacia él. ¿Lo mal que lo ha pasado ella? ¿Y yo qué? ¿Acaso no le importo nada a nadie? Pero, *me digo,* quizás sí lo ha pasado mal. Tal vez sí se preocupa por mí. ¿Es posible que se haya dado cuenta de que se ha pasado de la raya? *Me imagino a mi madre llorando en los brazos de papá, preguntándose dónde me habré metido, si estaré vivo o muerto. Entonces veo a mi mami que se acerca llorando y me abraza, me llena de besos y me cubre de lágrimas. Casi la puedo escuchar mientras pronuncia las dos palabras que me muero de ganas de oír. Y yo contestaré con las cuatro palabras más importantes: ¡Yo también te quiero!*

—¡David!—. Papá me agarra del brazo. Doy un brinco y me golpeo con el techo del auto. —¿Tienes idea de lo que ha estado haciendo tu madre? No tengo un momento de paz en esa casa. Por el amor de Dios, no hay quien la aguante desde que te fuiste. ¿No puedes estar tranquilo? ¿No puedes tenerla contenta? No la molestes y haz lo que ella te diga. ¿Puedes hacer eso? ¿Puedes hacerlo por mí? ¿Eh?—. Papá grita, habla tan alto que me pone los pelos de punta.

Asiento lentamente con la cabeza. No me atrevo a decir nada mientras lloro por dentro. Sé que me he equivocado. Y, como siempre, todo es culpa mía. Me volteo hacia papá mientras muevo la cabeza arriba y abajo. El me acaricia la cabeza.

—Está bien, está bien— me dice con voz más suave. —Éste es mi chico. Ahora vámonos a casa.

Mientras papá conduce por la misma calle por la que yo caminaba hace unas horas, me recuesto en la puerta, alejado de él. Me siento como un animal atrapado que trata de escapar de su jaula. Conforme nos acercamos a la casa, empiezo a temblar. Tengo que ir al baño. Otra vez en casa, *me digo amargamente. Me miro las manos. Los dedos me tiemblan de miedo. Vuelvo al lugar donde todo empezó. Nada ha cambiado y sé que nada cambiará. Me gustaría ser otra persona, cualquiera menos yo. Me gustaría tener una vida normal, una familia, un hogar.*

Papá estaciona en el garaje. Se voltea hacia mí antes de abrir la puerta. —Bueno, hemos llegado— me dice con una sonrisa falsa. —Ya estamos en casa.

Lo miro fijamente, rogando que sea capaz de ver el miedo, el dolor que siento. ¿En casa?, *me digo. Yo no tengo casa.*

CAPITULO

2

La Señora Gold, mi angel de la guarda

Me rescataron el 5 de marzo de 1973. ¡Mis oraciones recibían por fin respuesta! Los maestros y el personal de la Escuela Primaria Thomas Edison en la que estudiaba intervinieron y avisaron a la policía.

Todo sucedió muy deprisa. No dejaba de llorar mientras me despedía de los maestros. De algún modo intuía que nunca les volvería a ver. Por su forma de llorar, me di cuenta de que entendían mi verdad, la verdad. Por qué era tan diferente a los demás niños, por qué olía mal y me vestía con harapos, por qué me subía a los latones de basura para buscar algo que comer.

Antes de que me fuera, el señor Ziegler, uno de mis maestros, se agachó para decirme adiós. Me dio la mano y me aconsejó que me portara bien. Después me dijo al oído que pensaba contar mi historia a los demás alumnos. Las palabras del señor Ziegler eran lo que siempre había querido escuchar. Necesitaba que me quisieran, que me aceptaran, en la clase, en la escuela, donde fuera.

El agente de policía tuvo que sacarme a empujones por la puerta del colegio. —Vamos, David, tenemos que irnos—. Me soné los mocos antes de salir. No dejaba de pensar en las terribles consecuencias que tendría todo aquello, en la reacción de mi madre cuando se enterara. Nadie se había enfrentado a mi madre de tal manera. Cuando se enterara, sabía que se pondría como una fiera.

Mientras el agente me llevaba al auto, oía a los niños jugar en el recreo. Cuando nos íbamos me volteé para ver el patio una última vez. Abandoné la Escuela Primaria Thomas Edison sin haber hecho un solo amigo, pero lo que de verdad me preocupaba era que no pude despedirme de la profesora de inglés, la señorita Woodworth, que aquel día estaba enferma. Yo era prisionero de mi madre y la señorita Woodworth, sin saberlo, me ayudó a superar la soledad a través de la lectura. Me había pasado cientos de horas en penumbra, leyendo libros de aventuras, que me ayudaron a superar el dolor.

Después de rellenar unos formularios en la comisaría, el agente llamó a mi madre para comunicarle que yo no volvería a casa aquella tarde y que podía llamar a las autoridades de custodia de menores si tenía alguna duda. Yo me quedé inmóvil como una estatua, horrorizado y contento a la vez, mientras el agente hablaba por teléfono. Me imaginaba lo que pensaría mi madre. El agente sudaba mientras hablaba con voz seca. Cuando colgó, yo me preguntaba si alguien habría sentido lo mismo que él después de hablar con mi madre. El agente insistió en que abandonáramos la comisaría de inmediato. Desde luego, yo no ayudaba mucho, pues no paraba de saltar y de preguntarle: —¿Qué ha dicho? ¿Qué ha dicho?—. El agente se negó a contestar. Pareció aliviado una vez que dejamos atrás los límites municipales. Entonces se acercó a mí y me dijo: —Eres libre, David. Tu madre nunca volverá a hacerte daño.

No entendí del todo al significado de la frase. Suponía que me iba a llevar a una especie de cárcel, con otros niños malos, como mi madre llevaba años diciéndome que ocurriría. Hacía tiempo que había decidido que era mejor vivir en la cárcel que pasar un minuto más con ella. Me aparté de la ventanilla y una lágrima me resbaló por la mejilla.

Llevaba toda la vida secándome las lágrimas y sufriendo en silencio. Esta vez me negué a secarme la lágrima. La sentía en los labios, salada, mientras me secaba la piel y el sol me alcanzaba a través de la ventanilla del auto. Quería recordarla como una expresión de alegría y de libertad, no de miedo, rabia o dolor. Sabía que todo cambiaría en mi vida a partir de aquel momento.

El agente me llevó al hospital del condado, donde rápidamente me condujeron a una consulta para examinarme. La enfermera estaba sorprendida con mi apariencia. Con sumo cuidado, me lavó de los pies a la cabeza con una esponja antes de que me viera el médico. No me atrevía a mirarla. Me moría de vergüenza sentado en aquella camilla metálica cubierto tan solo por unos calzoncillos sucios y llenos de agujeros. Mientras me lavaba la cara, la aparté y mantuve los ojos cerrados. Cuando acabó, observé la habitación, pintada de amarillo y llena de dibujos de Snoopy. Luego me observé el cuerpo. Tenía los brazos y las piernas llenas de marcas amarillas y marrones. En los lugares por donde me habían agarrado, en donde me habían pegado o donde me había golpeado cuando me lanzaban al suelo de la cocina, había moretones que se desdibujaban bajo nuevos cardenales azules. El médico pareció muy preocupado cuando me vio los brazos y las manos. Tenía los dedos secos, enrojecidos a causa de los productos químicos que hacía años que usaba para llevar a cabo las tareas de la casa. El doctor me pellizcó las yemas de los dedos y me preguntó si sentía algo. Negué con la cabeza. Hacía algún tiempo que no sentía nada en las puntas de los dedos. Asintió y dijo que no había por qué preocuparse, así que me olvidé del tema.

Después, el agente me acompañó a través del laberinto de pasillos mientras íbamos de consulta en consulta para las pruebas, exámenes, análisis de sangre y radiografías. Me movía como un autómata, como si estuviera viendo una vida ajena a través de mis ojos. Estaba tan asustado que tuve que pedirle al policía, suplicarle, que en cada esquina y en cada habitación comprobara que no estaba mi madre esperando para llevarme. Primero se negó, pero cuando me quedé tan petrificado que casi no podía respirar ni moverme, se lo tomó en serio e hizo lo que le pedía. Yo sentía en el fondo de mi corazón que las cosas iban demasiado deprisa. Escapar de mi madre no podía ser tan fácil.

Unas horas más tarde acabamos con la misma

enfermera que me había lavado. Se agachó para decirme algo. Esperé. Me miró a los ojos y unos segundos después se apartó, llorando. El médico se acercó a mí, me dio un golpecito en el hombro y una bolsa con crema para las manos. Me dijo que procurara tener los brazos limpios y que era demasiado tarde para taparlos. Miré al agente y me miré los brazos. No entendía nada. Tenía los brazos como siempre, muy rojos y con escasa piel. Me picaban un poco, pero eso era normal para mí. Antes de que nos fuéramos, el médico se acercó al policía y le dijo: —Procure que David coma bastante y que pase bastante tiempo al sol—. Entonces se acercó un poco más y le preguntó: —¿Dónde está la...? ¿No lo volverán a enviar con ella?

El agente miró al médico: —No se preocupe, doctor. Le he dado mi palabra al muchacho. Su madre *nunca* volverá a hacerle daño.

A partir de ese momento, supe que estaba seguro. Parado junto al policía, tenía ganas de abrazarle las piernas, pero sabía que no debía hacerlo. Se me llenaron los ojos de lágrimas. El agente era mi héroe.

Unos minutos después que abandonamos el hospital, redujo la velocidad del auto por la carretera de una sola senda para sortear una serie de colinas. Bajé la ventanilla y me quedé mirando las colinas marrones y las enormes secoyas. Un poco más tarde, el policía estacionó el auto. —Bueno, David, ya hemos llegado—. Me quedé mirando la casa más bonita que había visto nunca. El agente me explicó que viviría aquí por un tiempo, que éste sería mi nuevo hogar de acogida. Nunca había oído la expresión "hogar de acogida", pero sabía que me gustaría. Parecía una cabaña gigante con muchas ventanas. Detrás de la casa había un patio enorme, desde donde se oían risas y juegos y se veía un pequeño lago.

La señora mayor que estaba a cargo del hogar de acogida se presentó como "tía Mary" y vino a saludarme desde la puerta de la cocina. Le di las gracias al agente de policía con un apretón de manos tan fuerte como me fue posible. Me sentía mal porque hubiera tenido que trabajar horas extras por mi culpa. Se arrodilló y me dijo con voz profunda: —David, los niños como tú son los que hacen que me guste mi trabajo—. Sin pensarlo, le abracé del cuello. Los brazos me picaban muchísimo, pero no me importaba. —Gracias.

—De nada, muchacho—, contestó. Avanzó por el camino serpenteante y me saludó desde el auto antes de arrancar. No me había dicho cómo se llamaba.

Después de que tía Mary me diera un fantástico filete de lenguado para cenar, me presentó a otros siete niños que, como yo, por una u otra razón ya no vivían con sus padres. Me quedé mirándoles fijamente. Algunos tenían la mirada vacía, otros llena de preocupación, otros parecían confundidos. No tenía ni idea de que hubiera otros niños que nadie quería; llevaba años pensando que era el único en el mundo. Primero me sentí un poco cohibido, pero después de algunas preguntas, me abrí a los demás. —¿Por qué estás aquí?— preguntaban. —¿Qué te ha pasado?

Agaché la cabeza antes de responder que mi madre no me quería porque siempre me estaba metiendo en líos. Me sentía avergonzado. No quería contarles el secreto que compartía con mi madre, pero a ninguno pareció importarle y me aceptaron al instante como a uno más. Me sentía lleno de energía y me convertí pronto en un salvaje. Corría por la casa como si tuviera un cohete en el trasero. Hacía bromas, reía y gritaba de alegría, como para desprenderme de tantos años de soledad y silencio.

Era incontrolable. Corría de habitación en

habitación, saltando por los colchones. Saltaba tan alto que no dejaba de darme golpes en el techo, pero no paraba hasta que ya no podía más. Todo me daba igual. Los otros chicos me aplaudían y me animaban a que siguiera. Reían con alegría y su alegría transmitía camaradería y aprobación, no como los comentarios hirientes que me dedicaban en el colegio.

La carrera terminó de repente cuando atravesé la sala y casi me llevo una lámpara por delante. Tía Mary me agarró el brazo por reflejo y estaba a punto de regañarme cuando me miró: me había cubierto la cara con las manos y me temblaban las rodillas. Tía Mary era una anciana estricta que no se andaba con juegos, pero no me gritó como era su costumbre. Aquella tarde mi hiperactividad se deshinchó como un globo. Tía Mary me soltó y se agachó a mi lado para preguntarme: —Por el amor de Dios, ¿qué te hacía esa mujer?

—Lo siento— contesté en voz baja. No estaba seguro de las intenciones de tía Mary. Me quedé muy quieto, para protegerme. —He sido un niño malo y merezco que me castiguen.

Aquella noche, tía Mary me arropó en la cama. Me eché a llorar y le dije que tenía miedo de que mi madre viniera y me llevara con ella. Tía Mary me aseguró que allí estaba a salvo y se quedó conmigo hasta que me sentí seguro. Estuve un rato mirando el techo de madera. Me recordaba el de la casa de Guerneville. Me dormí pensando que mi madre andaba por ahí fuera, en algún lugar, dispuesta a cazarme.

Soñé que estaba de pie en un pasillo muy largo y muy oscuro. Al final se adivinaba una figura que se trasformó en mi madre y que avanzaba hacia mí. Por algún motivo, me quedé quieto, no podía moverme. Ni tan siquiera lo intenté. Cuanto más se acercaba, mejor se veía la cara roja y llena de odio de mi madre. Tenía un cuchillo en la mano y lo llevaba levantado, dispuesta a clavármelo. Me di la vuelta y eché a correr. Corría con todas mis fuerzas, tan rápido como podía, buscando una luz, pero el pasillo daba vueltas y más vueltas y parecía no acabarse nunca. Sentía el aliento rancio de mi madre en el cuello y la oía decirme que no había salida, que nunca me dejaría escapar.

Me desperté de repente, con la cara y el pecho cubiertos de un sudor frío y pegajoso. Me cubrí la cara, no sabía si seguía soñando. Cuando me calmé, miré a mi alrededor. Seguía en la habitación de madera con el pijama que tía Mary me había dejado. Me miré el cuerpo, buscando alguna herida. *Un sueño,* pensé, todo ha sido una pesadilla. Intenté controlar la respiración, pero no podía sacarme a mi madre de la cabeza. Sus palabras se repetían en mi mente: *Nunca te dejaré escapar, ¡nunca!*

Salté de la cama y me vestí a oscuras. Volví a la cama y me senté con la cabeza entre las rodillas. No podía dormirme. Así que allí era donde mi madre vivía ahora, en mis sueños. Supe que fue un error que me sacaran de la casa y me di cuenta de que pronto volvería a ella. Aquella noche y muchas más, mientras los demás dormían, me sentaba sobre las rodillas y me balanceaba, canturreando en voz baja. Miraba a través de la ventana y escuchaba el susurro del viento entre los árboles. Me juraba que nunca volvería a tener aquella pesadilla.

Mi primer contacto con el servicio de protección de menores del condado fue a través de una mujer angelical, la señora Gold. Tenía una cara muy alegre y el pelo rubio, largo y brillante, que iba muy bien con su apellido. —Hola— sonrió —Soy tu asistente social—. Y así empezaron unas largas y agotadoras sesiones en las que tenía que explicar cosas que no acababa de entender. Durante la primera sesión me senté en una punta del sofá y la señora Gold en la otra, pero poco a poco se fue acercando, sin que yo me diera cuenta, hasta cogerme de la mano. Al principio me daba miedo que me tocara, no merecía su amabilidad. Pero la señora Gold me retuvo la mano y me la acariciaba, como para asegurarme que estaba allí para ayudarme. Aquel día se quedó conmigo más de cinco horas.

Las otras visitas fueron igual de largas. A veces tenía miedo de hablar y había largos momentos de silencio. En otras ocasiones, sin razón aparente y sin saber muy bien por qué, me echaba a llorar. A la señora Gold parecía no importarle. Me apretaba fuerte, me arrullaba y me decía que todo iba a salir bien. A veces me tumbaba en el sofá y hablaba de cosas que no tenían nada que ver con mi terrible pasado. En esos momentos, jugaba con los mechones de pelo de la señora Gold. Me sentaba en sus brazos y aspiraba la fragancia de su perfume floral. Pronto empecé a confiar en ella.

Se convirtió en mi mejor amiga. Cuando veía su automóvil al volver del colegio, salía corriendo para entrar en casa de tía Mary, porque sabía que la señora Gold había venido a verme. Siempre acabábamos las sesiones con un abrazo. Entonces se agachaba y me decía que no merecía que me trataran de la forma en que lo habían hecho y que las acciones de mi madre no eran culpa mía. Por mucho que me lo dijera, no acababa de creérmelo; años y años de oír lo contrario no habían pasado en balde.

Ocurrieron muchas cosas muy deprisa. Un día le pregunté a la señora Gold por qué necesitaba toda esa información sobre mi madre y yo; me quedé horrorizado cuando me dijo que el condado iba a usarla contra mi madre: —¡No!— le supliqué —¡Ella no debe saber que se lo he contado yo! ¡Nunca!

La señora Gold me dijo que yo estaba haciendo lo correcto, pero cuando se fue, empecé a pensar y llegué a una conclusión muy diferente. Desde que podía recordar, siempre había estado metido en líos, siempre me castigaban por una cosa o por otra. Cuando mis padres discutían, siempre salía a relucir mi nombre. ¿De verdad era todo culpa de mi madre? Quizá yo tenía la culpa de lo que me había ocurrido a lo largo de los años. Era cierto que mentía y robaba comida. Y sabía que yo era la razón por la que mi madre y papá ya no vivían juntos. ¿Meterían a mi madre en la cárcel? Entonces, ¿qué pasaría con mis hermanos? Aquel día, cuando la señora Gold se fue, me quedé sentado en el sofá. Tenía montones de preguntas sin respuesta. Me sentía morir: *¡Por Dios! ¿Qué he hecho?*

Unos días después, un domingo por la tarde, mientras estaba en el patio aprendiendo a jugar baloncesto, reconocí el sonido de la camioneta de mi madre. El corazón dejó de latirme. Cerré los ojos, pensando que todo había sido un sueño. Cuando volví a la realidad, me di la vuelta y salí corriendo hacia la casa, en busca de tía Mary: — Es... es... — tartamudeé.

—Ya lo sé— me dijo cariñosa mientras me abrazaba. —Todo irá bien.

—¡No! No lo entiende. ¡Me encontró! ¡Me va a llevar!— chillé. Intenté soltarme para correr y buscar un lugar seguro donde esconderme.

Tía Mary no me soltaba. —No quería preocuparte— me dijo. —Sólo ha venido a traer algo de ropa. Tienes que ir a corte el miércoles y tu madre quiere que estés bien guapo.

—¡No!— chillé. —¡Me va a llevar! ¡Me llevará con ella otra vez!

—¡David, estate quieto! Estoy aquí por si me necesitas, pero ahora, por favor, jovencito, estate quieto—. Tía Mary hizo lo que pudo por calmarme, pero casi se me salen los ojos de las órbitas al ver a mi madre acercarse a la casa acompañada de sus cuatro hijos.

Me senté junto a tía Mary. Se intercambiaron saludos y, como un perro bien entrenado, me transformé enseguida en mi antiguo yo, el niño sin nombre. En un instante pasé de ser un chiquillo alegre a convertirme en el esclavo invisible de mi madre.

Mi madre ni tan siquiera me dirigió la palabra. En lugar de eso, le preguntó a tía Mary: —Y, dígame, ¿cómo está *el niño?*

Miré a tía Mary. Estaba anonadada. Parpadeó un instante. —*¿David?* David está muy bien, gracias. Está aquí a mi lado, como ve — respondió, mientras me agarraba con fuerza.

—Sí— dijo mi madre con voz cortante. —Ya lo veo—. Sentía cómo me alcanzaba su odio. —¿Y cómo se lleva con los otros niños?

Tía Mary movió la cabeza. —Bastante bien. *David* es muy educado y ayuda mucho en la casa. Siempre colabora en todo— respondió, convencida de que madre no tenía la menor intención de hablarme a mí directamente.

—Bueno... pero tiene que tener cuidado— le previno madre. —Ha intentado herir a otros niños. No se lleva bien con los demás. *El niño* es violento. Necesita cuidados especiales, una disciplina que sólo yo puedo proporcionarle. Usted no conoce *al niño.*

Los músculos de tía Mary se tensaron. Se acercó y le dedicó a mi madre la mejor de sus sonrisas, una sonrisa que escondía sus ganas de darle una bofetada. —*David* es un jovencito muy educado. Quizá *David* sea un poco travieso, pero eso es comprensible, teniendo en cuenta todo lo que le han hecho pasar.

De repente me di cuenta de lo que ocurría. Mi madre pretendía controlar a tía Mary y estaba perdiendo la partida. Por fuera se me veía con los hombros caídos y tenía aspecto de perrito faldero, con la mirada puesta en el suelo, pero por dentro estaba atento a cada frase, cada sílaba de la conversación. *Por fin,* me dije, *alguien ha puesto a mi madre en su sitio. ¡Sí!*

Conforme cambiaba el tono de tía Mary cuando se dirigía a mi madre, se me iluminaba la cara. Estaba disfrutando aquello. Levanté la cabeza poco a poco y miré a mi madre a los ojos. Sonreí por dentro. *Vaya, vaya, mira qué bien,* me dije, *ya era hora.* Yo las escuchaba y movía la cabeza de un lado a otro, hacia delante y hacia atrás, como si estuviera en un partido de tenis. Tía Mary intentó de nuevo que mi madre reconociera mi presencia allí. Asentí con la cabeza, indicando que estaba de acuerdo con las palabras de tía Mary.

Empecé a sentirme seguro de mí mismo. *Soy alguien, soy alguien,* me dije. Empecé a relajarme, ya no tenía miedo. Por una vez en la vida, todo iba bien, hasta el momento en que sonó el teléfono. Giré la cabeza a la derecha cuando empezó a sonar el teléfono de la cocina. Conté las veces que sonaba, esperando que colgaran. Cuando ya llevaba doce, me puse nervioso. Tía Mary hizo ademán de levantarse para ir a la cocina, pero la cogí del brazo. *Vamos,* pensaba, *no hay nadie en casa, cuelga de una vez.* Pero el teléfono seguía sonando, dieciséis, diecisiete, dieciocho veces. *¡Que cuelguen! ¡Que cuelguen!* Tía Mary se estaba levantando. La agarré fuerte, para que se quedara. Cuando por fin se levantó, la seguí, con la mano derecha pegada a su brazo. Se paró a medio camino y me soltó la mano, dedo a dedo. —David, por favor, sólo es el teléfono. Por amor de Dios, no seas maleducado. Vuelve a la sala—. Me quedé quieto y la miré a los ojos. Tía Mary lo entendió. Asintió con la cabeza. —Está bien— dijo en voz baja —vente conmigo.

Respiré aliviado mientras la seguía a la cocina. Entonces alguien me agarró del brazo izquierdo y me haló hacia atrás. Casi me caigo al suelo. Hice un movimiento para recobrar el equilibrio. Cerré los ojos y me mordí el labio. Mi madre estaba sentada frente a mí. Su aliento me daba miedo. Tenía la cara roja y la mirada furiosa tras los cristales de las gafas. Me volteé para buscar a mi salvadora, pero tía Mary ya se había metido en la cocina.

Me quedé mirando al suelo, rezando para que se fuera. Mi madre me apretó aún más el brazo. —¡Mírame!— me chilló. Me quedé helado. Quería gritar, pero no me salía la voz. Me miraba fijamente con ojos de bruja. Cerré los párpados mientras mi madre se acercaba a mi cara. Su voz monótona estaba llena de rencor: —Eres un cabrón, un desgraciado. Ahora ya no eres tan valiente, ¿verdad? ¿Qué pasa? ¿Te ha dejado tu tía Mary?— me decía con voz sarcástica. Mi madre se acercó tanto que le podía oler el aliento y sentía su saliva salpicarme la cara. Su voz se tornó helada: —¿Te das cuenta de lo que has hecho? ¿Te das cuenta? ¿Sabes todo lo que me han preguntado? ¿Sabes la vergüenza que le has hecho pasar a *esta familia*?— me preguntaba, mientras arropaba con el brazo izquierdo a mis hermanos, sentados junto a ella.

Se me aflojaron las piernas. Quería ir al baño a vomitar. Mi madre sonrió y me enseñó sus dientes amarillos: —Dicen que yo quería hacerte daño. ¿Por qué iba a hacer eso?

Intenté voltear la cabeza hacia la cocina. Apenas se oía a tía Mary hablar por teléfono.

—¡Niño!— siseó mi madre como una serpiente— Entérate bien, niño ingrato. ¡Me importa una mierda lo que digan! ¡No me importa lo que hagan! ¡No te has librado de mi! ¡Te recuperaré! ¿Me oyes? *¡Te recuperaré!*

Cuando oyó que tía Mary colgaba el teléfono, mi madre me soltó y me apartó de un golpe. Me senté en una silla y observé cómo mi salvadora volvía a la sala y se sentaba a mi lado. —Lo siento— dijo.

Mi madre cerró los ojos y negó con la mano. De pronto, su actitud se transformó. La comedia empezaba de nuevo: —Bah, ¿el teléfono? No se preocupe. De todas formas, tengo, quiero decir, tenemos que marcharnos.

Miré de reojo a mis hermanos. Tenían la vista puesta en mí, muy serios. Me preguntaba qué pensarían de mí. Excepto Kevin, que era un bebé, los otros tres parecían querer llevarme fuera y machacarme a patadas. Sabía que me odiaban y pensé que me lo merecía. Por haber descubierto el secreto de la familia.

Traté de imaginar cómo sería la vida de ellos con mi madre. Rogué para que mis hermanos supieran perdonarme. Me sentía un desertor. También rogué para que ninguno de ellos tuviera que ocupar mi puesto. Me daban pena, tenían que vivir en el infierno.

Después de algunos comentarios anodinos y algunas recomendaciones de mi madre, *la familia* se fue. Me quedé pegado a la silla mientras escuchaba el sonido de las ruedas deslizándose a través de la gravilla de la entrada. Me quedé sentado en la sala toda la tarde, balanceándome y repitiendo una y otra vez la amenaza de mi madre: *te recuperaré, te recuperaré.*

Aquella noche no pude comer nada. Después de cenar, di vueltas en la cama y acabé sentado sobre las rodillas. Mi madre tenía razón. En el fondo de mi corazón sabía que me recuperaría. Miraba a través de la ventana; podía oír el viento ulular a través de las copas de los árboles y las ramas chocar unas contra otras. Se me cargó el pecho y me eché a llorar. No tenía escapatoria.

Al día siguiente fui incapaz de concentrarme en el colegio. Daba vueltas por el patio como un zombi. Por la tarde, la señora Gold vino a casa de tía Mary: —David, tenemos el juicio dentro de dos días. Necesito que me respondas algunas preguntas para acabar de preparar el caso, ¿está bien, cariño?— preguntó con una enorme sonrisa.

Me negué a hablar y me senté al final del sofá, tieso como un palo. No podía mirarle a la cara. Se quedó muy sorprendida cuando le dije: —Me parece que no debería decir nada.

La señora Gold se quedó anonadada. Empezó a hablar, pero levanté la mano y la interrumpí. Me retracté de todo lo que pude, le dije que le había mentido, que yo era la causa de los problemas en mi casa, que me había caído por las escaleras, que me había golpeado con los picaportes, que me había herido a mí mismo, que me había arañado. Empecé a llorar y le dije a la señora Gold que mi mamá era una mujer guapa y muy amable, con un jardín precioso, una casa maravillosa, una familia perfecta y que tenía envidia de las atenciones que dedicaba a mis otros hermanos y que todo era culpa mía.

La señora Gold se quedó sin habla. Se acercó a mí e intentó alcanzarme y cogerme la mano. Le aparté los dedos. Estaba tan frustrada que se puso a llorar. Después de varias horas e intentos más, me miró con la cara enrojecida por el llanto, cubierta de maquillaje corrido. —David, cariño— resopló —no lo entiendo. ¿Por qué no quieres hablar conmigo? Por favor.

Entonces intentó cambiar de táctica. Se levantó y me apuntó con el dedo: —¿No sabes lo importantes que es este caso? ¿No te das cuenta de que me paso el día hablando de un jovencito valiente que por primera vez se ha atrevido a contar su secreto?

La miré y la dejé sin argumentos: —Me parece que no debería hablar más— respondí fríamente.

La señora Gold se agachó, para forzarme a que la mirara a los ojos: —David, por favor... —suplicó.

Pero yo no la veía. Sabía que mi asistente social hacía todo lo posible por ayudarme, pero la ira de mi madre me daba más miedo que la de la señora Gold. En cuanto mi madre me dijo que me recuperaría, sabía que había perdido todo lo que me habían dado en mi nueva casa.

La señora Gold quiso cogerme la mano, pero la aparté de un manotazo. Le di la espalda. —¡David James Pelzer!— chilló. —¿Te das cuenta de lo que estás diciendo? ¿Entiendes lo que estás haciendo? ¡Más vale que te aclares de una vez! ¡Tienes que tomar una decisión fundamental muy pronto y más vale que estés preparado!

Volvió a sentarse y me puso entre sus rodillas en el extremo del sofá. —David, tienes que entender que en la vida de las personas hay momentos en que las decisiones que uno toma le afectan para siempre. Yo puedo ayudarte, pero sólo si tú me dejas, ¿lo entiendes?

Volví a apartar la cara. Ella se levantó enfadada. Tenía la cara roja como un tomate y le temblaban las manos. Intenté contener mis sentimientos, pero tuve un arrebato de rabia: —¡No!— chillé. —¿No lo entiende? ¿No se da cuenta? Vendrá por mí. Ganará. Ella siempre gana. Nadie puede con mi madre, ¡ni usted ni nadie! ¡Me recuperará!

La señora Gold se quedó pálida. —Dios bendito— dijo mientras se agachaba para acariciarme. —¿Eso es lo que te ha dicho? David, cariño... ——. Hizo un ademán de abrazarme.

—¡No!— grité. —¿Por qué no me deja en paz? ¡Váyase!

Se quedó quieta un momento junto a mí y después salió a toda prisa de la habitación. Unos segundos más tarde oí un portazo en la cocina. Sin pensar lo que hacía, fui corriendo hacia la cocina, pero me quedé detrás de la mosquitera de la puerta. A través de la tela metálica, pude ver a la señora Gold caminando hacia su auto. De pronto, se le cayeron los papeles que llevaba en el brazo e intentó cazarlos al vuelo. —¡Coño!— exclamó. Los papeles salían volando mientras ella intentaba recogerlos. En cuanto se levantó, volvió a caer y se hizo un rasguño en la rodilla derecha. Podía ver que estaba muy nerviosa y que se tapaba la boca con la mano. Intentó levantarse de nuevo, pero esta vez lo hizo con más cuidado. Caminó hacia el auto, propiedad del condado, cerró la puerta de golpe y apoyó la cabeza en el volante. Desde detrás de la puerta, podía oir a mi ángel de la guarda llorar desconsoladamente. Unos minutos más tarde arrancó el motor y se fue.

Me quedé detrás de la puerta de la cocina y lloré por dentro. Sabía que nunca me lo perdonaría, pero mentir a la señora Gold era un mal menor. Me quedé solo, confundido, detrás de la puerta. Sentía que, al mentir, estaba protegiendo a mi madre, y que eso era lo correcto. Sabía que mi madre vendría por mí y que nadie podía pararla. Entonces pensé en lo buena que había sido la señora Gold conmigo y me di cuenta de la situación en que la había metido. Yo no quería hacerle daño a nadie y menos a la señora Gold.

Me quedé como una estatua detrás de la puerta de la cocina. Lo único que quería era meterme debajo de una roca y esconderme allí para siempre.

CAPITULO

3

El juicio

Dos días más tarde, la señora Gold me llevó al juzgado del condado. Al principio, no nos dirigimos la palabra. Yo me senté junto a la ventanilla y miraba el paisaje. Fuimos hacia el norte, por la autopista 280, que bordea el acueducto, el mismo pantano junto al que pasaba con mi familia cuando íbamos al Memorial Park hace años. Al final la señora Gold rompió el hielo y me explicó con voz dulce que hoy el juez decidiría si quedaba "bajo la guarda del tribunal" o me devolvían a la custodia de mi madre. No entendí lo de la "guarda del tribunal", pero sabía lo que significaba volver bajo la custodia de mi madre. Me estremecí con la última frase de la señora Gold. La miré y me pregunté si al salir de la corte volvería con ella o en la parte trasera de la camioneta de mi madre. Le pregunté a la señora Gold si cabía la posibilidad de que mi madre me llevara con ella. La señora Gold me acarició la cabeza y me dijo que sí. Me aparté. Ya no podía más. No había dormido nada desde la última vez que nos vimos. Cuanto más nos acercábamos al juzgado, más podía sentir que me alejaba de la seguridad que me proporcionaba la señora Gold y volvía a caer en las garras de mi madre.

Mis manos se convirtieron en dos puños apretados. Empezaba la cuenta regresiva.

Sentí una suave caricia en la mano izquierda. Levanté los brazos para protegerme la cara. Me costó darme cuenta de que sólo estaba soñando. Aspiré profundamente y asentí, para calmarme. —David— me dijo la señora Gold —escúchame bien. —Te habla tu amiga Pam, no la señora Gold, tu asistente social. ¿Lo entiendes?

Dejé escapar un profundo suspiro. Sabía que estábamos muy cerca del juzgado. —Sí, señora, lo entiendo.

—David, lo que te ha hecho tu madre está mal. Muy mal. Ningún niño se merece que lo traten de esa manera. Tu madre está enferma—. La voz de Pam era dulce y tranquila. Parecía estar a punto de llorar. —¿Recuerdas lo que te dije el lunes por la tarde, que un día tendrías que tomar una decisión? Bueno, ese día ha llegado. La decisión que tomes hoy afectará al resto de tu vida. Sólo tú puedes decidir tu futuro. Yo he hecho todo lo que ha estado en mis manos. Todos han hecho lo que han podido, tus maestros, la enfermera del colegio, la tía Mary, todo el mundo. Ahora te toca a ti.

—David, tienes un gran potencial. Eres un joven muy valiente. No todos los niños logran contar su secreto. Algún día serás capaz de olvidar todo esto—. La señora Gold paró un momento. —David, eres un chico muy valiente.

—Bueno, yo no me siento muy valiente, señora Gold. Me siento más bien como un... como un traidor.

—David— Pam sonrió —¡tú no eres un traidor! Recuérdalo.

—Si mi madre está enferma— pregunté —¿entonces qué pasará con mis hermanos? ¿También les va a ayudar? ¿Y si mi madre la agarra con alguno de ellos?

—Bueno, en este momento el que me preocupa eres tú. Nadie me ha indicado que tu madre maltrate a alguno de tus hermanos. Por algún lugar hay que empezar, ¿no? Vayamos paso a paso. ¿Está bien? Y, David... — la señora Gold apagó el motor. Habíamos llegado al juzgado.

—¿Sí, señora?

—Quiero que sepas que te quiero.

La miré fijamente. Tenía una mirada muy pura.

—De verdad te quiero— me dijo, mientras me acariciaba la mejilla.

Lloré mientras asentía con la cabeza. La señora Gold me levantó la barbilla con los dedos y me acarició. Lloré porque sabía que en unos instantes iba a traicionarla.

Un poco más tarde entramos a la sala de espera del juzgado y la señora Gold me cogió de la mano. Mi madre y mis hermanos estaban sentados en uno de los bancos. La señora Gold saludó a mi madre cuando pasamos junto a ella. La miré de reojo. Llevaba un vestido muy bonito y se había arreglado el pelo.

Ron llevaba la pierna enyesada.

Me ignoraron por completo, pero podía sentir el odio de mi madre. La señora Gold y yo nos sentamos, mientras esperábamos nuestro turno. La espera era insoportable. Con la cabeza debajo del brazo, le pedí papel y lápiz a la señora Gold, en voz baja. Escribí una pequeña nota.

Para mi madre:

Lo siento mucho. No quería que las cosa fueran así. No quería contar el secreto. No quería hacer daño a la familia. ¿Me perdonas?

Tu hijo,
David.

La señora Gold leyó la nota y me dio permiso para que se la diera a mi madre. Me acerqué a ella y me transformé de nuevo en el niño sin nombre, con las manos pegadas a las caderas y la mirada fija en el suelo. Esperé a que dijera algo, que me chillara, que chasqueara los dedos, cualquier cosa, pero ni tan siquiera me miró. Poco a poco levanté la cabeza, solté una mano y sostuve el papel frente a ella. Mi madre agarró la nota, la leyó y la rompió en dos. Bajé la cabeza antes de volver junto a la señora Gold, que me abrazó.

Unos minutos más tarde, entramos todos en la sala: mi madre, mis cuatro hermanos, la señora Gold y yo. Me sentaron detrás de una mesa oscura y me quedé embobado mirando a un señor que tenía enfrente, vestido de negro. —No tengas miedo— me susurró la señora Gold. —Puede que el juez te pregunte algo. Es importante, muy importante, que le digas la verdad— dijo, con especial énfasis en la última frase.

Como sabía que el desenlace se decidiría en unos minutos, cogí la mano de la señora Gold y la apreté con nerviosismo. Quería decirle la verdad, toda la verdad, que sentía mucho los problemas que le había causado, pero no me atreví. Estaba agotado por falta de sueño. La señora Gold me sonrió, para ayudarme a mantener la calma, y me mostró sus dientes blancos como perlas. Una fragancia sutil y familiar me invadió. Cerré los ojos y aspiré con fuerza.

Antes de que tuviera tiempo de darme cuenta, un funcionario de la corte empezó a leer un número y dijo mi nombre. Cuando oí mi nombre, levanté la vista y miré al juez, que se puso las gafas y me observó. —Ah, sí, el caso Pelzer. Sí. Imagino que el representante del condado está presente en la sala— dijo.

La señora Gold carraspeó y me guiñó el ojo: —Allá vamos, deséame suerte.

El juez asintió con la cabeza: —¿Su recomendación?

—Gracias, su señoría. Basándonos en los exámenes médicos de los pediatras, en las entrevistas con los educadores del menor, en otras entrevistas y en mis propios informes, el condado recomienda que David Pelzer sea puesto bajo la guarda del tribunal.

Me quedé mirando a la señora Gold. Apenas entendía lo que decía. Sabía que ella hablaba, pero le fallaba la voz. Le miré la falda: le temblaban las rodillas. Cerré los ojos y pensé que la habíamos hecho buena. Cuando los volví a abrir, la señora Gold estaba en sus sitio y procuraba taparse las manos, que le temblaban.

—Señora Pelzer, ¿tiene algo que añadir?

Todas las cabezas giraron hacia la derecha, para mirar a mi madre. Al principio pensé que no había oído al juez, miraba al vacío con cara inexpresiva. Al cabo de unos segundos me di cuenta de lo que intentaba hacer. Quería controlar al juez con su mirada.

—¿Señora Pelzer? ¿Quiere decir algo respecto a su hijo David?

—No tengo nada que decir— dijo mi madre en un tono neutral.

El juez se secó la frente y sacudió la cabeza. —De acuerdo. Gracias, señora Pelzer. Hemos tomado nota de su afirmación.

El juez se dirigió entonces a la señora Gold: —Este es un caso muy desagradable y poco corriente. He leído todos los informes y me he quedado muy preocupado con...

Perdí la noción del tiempo mientras el juez hablaba. Me sentía insignificante. Sabía que en un par de minutos se acabaría la sesión y tendría que volver con mi madre. Me voltée para mirarla. Su expresión no reflejaba emoción alguna. Cerré los ojos y me vi de nuevo en las escaleras, sentado sobre las manos, muerto de hambre, como un animal abandonado. No sabía si sería capaz de volver a esa vida. Sólo quería liberarme del dolor y recuperar mi dignidad.

—¿David?— susurró la señora Gold mientras me daba un golpecito. —David, el juez quiere que te levantes.

Abrí los ojos. Me había vuelto a quedar dormido. —¿Qué? No entien...

La señora Gold me agarró por el codo. —Vamos, David, el juez espera.

Miré al juez, que hizo un gesto con la cabeza para que me levantara. Sentía como si tuviera una manzana atragantada en la garganta. Mientras apartaba la silla, la señora Gold me acarició la mano izquierda. —No te preocupes. Sólo tienes que contarle la verdad.

—Bueno, jovencito— dijo el juez —todo se

reduce a esto: si crees que tu situación familiar es incorrecta y el tribunal así lo decide, puedes quedarte bajo la custodia permanente de la corte; o puedes volver a vivir con tu madre en tu casa.

Abrí los ojos de par en par. No podía creer que hubiera llegado el momento. Todos los presentes en la sala me miraban fijamente. Una señora con el pelo entrecano tenía las manos puestas sobre una máquina de escribir muy rara. Cada vez que alguien hablaba, la señora tocaba unas teclas muy largas. Tragué saliva y apreté los puños. Sentí el radar de odio de mi madre enfocado en mí.

Intenté mirar tan solo al juez. Volví a tragar saliva antes de empezar a recitar el papel que había ensayado, que había mentido y que los problemas de casa eran culpa mía y que mi madre nunca me había maltratado. Por el rabillo del ojo podía ver a mi madre con la vista fija en mí.

El tiempo parecía haberse detenido. Cerré los ojos y me imaginé de vuelta en la casa, con mi madre, que me pegaría otra vez y me obligaría a vivir al pie de las escaleras, asustado cuando oyera los anuncios de la tele, deseando escapar y tener una vida normal, poder jugar en la calle, sin miedo.

Sin que la señora Gold lo advirtiera, me voltée

hacia ella e inspiré de nuevo. Entonces me di cuenta. Su perfume. Era el mismo perfume que llevaba cuando me abrazaba o cuando estábamos tumbados en el sofá. Me imaginé jugando con su pelo.

De pronto me imaginé al aire libre, riendo con los otros niños, jugando baloncesto, buscando a mis compañeros mientras jugábamos al escondite y corríamos a toda velocidad por casa de la tía Mary; volviendo a casa a media tarde, después de pasar el día cazando serpientes o bañándome en el lago. Abrí los ojos y me miré las manos. Ya no estaban rojas, incluso se habían bronceado un poco.

Sentía como me atravesaba la mirada de mi madre, como me subía el miedo por la espalda. Aspiré de nuevo el perfume de la señora Gold.

Aguanté la respiración un segundo y antes de perder las fuerzas, lo solté: —¡Con usted! ¡Quiero vivir con usted, señor! ¡Lo siento! ¡Lo siento mucho! ¡No quería decirlo! ¡No quería causar problemas!

Las radiaciones de odio de mi madre se intensificaron. Intenté mantenerme de pie, pero se me doblaban las piernas.

—Así sea— anunció el juez. —Es la decisión de

este tribunal que el joven David James Pelzer quede bajo la custodia de esta corte hasta su mayoría de edad. ¡Caso cerrado!— dijo el juez, mientras golpeaba una pieza de madera con el mazo.

Yo estaba paralizado. No acababa de entender lo que había ocurrido. La señora Gold se levantó y me abrazó tan fuerte que pensaba que me iba a romper una costilla. Sólo veía su cabellera rubia y casi me ahogo con el pelo. Un poco después, la señora Gold recobró la compostura. Me sequé las lágrimas y me soné la nariz. Miré al estrado. El juez me sonrió y yo le devolví la sonrisa. Entonces creí ver como su señoría me guiñaba el ojo.

Sentí que el radar de odio de mi madre perdía intensidad, hasta apagarse.

La señora Gold me agarró de los hombros. —¡Estoy tan orgullosa de ti!—. Antes de que pudiera continuar, le dije: —Lo siento, el otro día no quería mentir. Siento haberla hecho llorar. ¿Me perdona? Yo sólo quería...

La señora Gold me apartó el pelo de la cara. —Nada, nada, no te preocupes. Sabía lo que te proponías. Por cierto, tu madre quiere...

—¡No!— chillé. —¡Me llevará con ella!

—Sólo quiere despedirse— me aseguró la señora Gold.

Mientras salíamos de la sala, vi que mi madre también estaba llorando. La señora Gold se adelantó. Yo no sabía qué hacer hasta que vi que ella se quedaría conmigo. Cuanto más me acercaba a mi madre, más lloraba. Una parte de mí no quería abandonarla. Mi madre abrió los brazos y corrí hacia ella. Me abrazó como si fuera un bebé. Sus sentimientos eran sinceros.

Me soltó, me cogió de la mano y me condujo hasta la camioneta. No sentí miedo. Allí me dio un montón de juguetes y ropa nueva. Me quedé muy sorprendido, con la boca abierta, mientras mi madre no dejaba de darme cosas.

Me temblaba la voz mientras me despedía de mis hermanos, que asentían con la cabeza. Me sentía como un traidor y pensé que me odiarían por haber contado el secreto de la familia.

—Te voy a extrañar— dijo mi madre.

Sin pensarlo, respondí: —Yo también.

Aunque estaba contento con la decisión del juez, también estaba triste. Me debatía entre la libertad y la separación de mi madre y mi familia. Todo parecía demasiado bonito para ser verdad: la libertad, la ropa nueva, los juguetes. Pero lo que más me emocionó fue el tibio abrazo de mi madre.

—Lo siento mucho— dije. —De verdad. No quería contarlo.

—No es culpa... — comenzó a decir ella. Entonces le cambió la expresión. —Todo está bien— su voz se hizo firme. —Ahora escúchame bien. Tienes otra oportunidad, una nueva vida. Tienes que ser un buen chico.

—Lo prometo— dije, mientras me secaba las lágrimas.

—¡No!— protestó con voz fría —¡En serio! ¡Tienes que ser un buen chico! Portarte mejor.

La miré a los ojos. Los tenía enrojecidos. Sentí que me deseaba lo mejor y me di cuenta de que, incluso antes de entrar en la sala, ya había anticipado el veredicto.

—Seré bueno. Me esforzaré todo lo que pueda— dije mientras me ponía firme, como solía hacer cuando estaba en el sótano. —Estarás orgullosa de mí. Me esforzaré para que estés orgullosa de mí.

—Eso ya no importa— dijo mi madre. Antes de dejarme, me dio otro abrazo. —Que seas feliz.

Me aparté llorando. No miré hacia atrás. Pensaba en lo que me había dicho: *que seas feliz*. Era como si renunciara a mí. Casi me desmayo cuando encontré a la señora Gold, que me ayudó a colocar mis nuevas posesiones en su auto. Estuvimos juntos mientras mi madre se alejaba. Les dije adiós a todos con la mano, pero sólo mi madre me devolvió el gesto. Tenía la ventanilla subida, pero le leí los labios mientras repetía: *que seas feliz.*

—¿Qué te parece un helado?— me preguntó la señora Gold, para disipar la tensión.

La miré y sonreí: —¡Por supuesto!

Pam me cogió de la mano, acariciándome los dedos y me llevó a la cafetería. Pasamos junto a una hilera de autos estacionados y a algunos árboles. Me llegó el aroma de las hojas. Entonces me paré a mirar el sol, me quedé quieto un momento, para empaparme de lo que me rodeaba. La brisa me agitaba el pelo. No hacía frío. La hierba estaba verde y brillaba. Sabía que el mundo había cambiado.

La señora Gold también miraba al sol. —David, ¿te encuentras bien?

—¡Sí!— sonreí. —¡Lo que pasa es que no quiero olvidar el primer día del resto de mi vida!

CAPITULO

4

Una nueva vida

Cuando se me pasó el efecto del juicio, me sentí un tanto desorientado. Era consciente de que mi madre ya no podía maltratarme físicamente, pero tenía una sensación extraña, como un escalofrío, que me decía que ella seguía ahí fuera, escondida como una alimaña, dispuesta a salir de su guarida para vengarse de mí.

Otra parte de mí sentía que no volvería a ver a mi madre o a mis hermanos. Me sentía confundido, pensaba que no merecía vivir con ellos, que no valía nada y que mi madre me había echado de casa. Hice lo que pude por convencerme de que los servicios sociales del condado y el sistema judicial me habían concedido una nueva oportunidad. Hice lo que pude por olvidarme del pasado, por enterrar los recuerdos de mis malas experiencias. Como si apagara la luz y cerrara una habitación.

Me acostumbré a la vida cotidiana de casa de la tía Mary y mi nuevo colegio. Aunque me sentía libre y era extrovertido en mi hogar de acogida, en el colegio era tímido y más bien callado. Me costaba hacer amigos. Era muy reservado, sobre todo cuando los otros niños me preguntaban por qué no vivía con mis padres. Y si alguno de ellos insistía, tartamudeaba algo y me alejaba. No me atrevía a mirarles a la cara.

En otras ocasiones gritaba con seguridad: —¡Vivo en un hogar de acogida!—. Estaba feliz de pertenecer a mi nueva familia. Lo repetí una y otra vez hasta que uno de los chicos mayores me llamó aparte en la escuela y me advirtió que no le dijera a nadie lo que era, "porque a mucha gente no les gustamos".

—¿No les gustamos? ¿A quién? ¿De qué hablas? — pregunté. —No hemos hecho nada malo.

—No te preocupes, hermanito. Ya te enterarás. Pero de momento, cállate la boca—. Obedecí, advirtiendo de pronto que ahora vivía en otro mundo de prejuicios.

Durante el recreo miraba a los otros niños jugar

balonmano y al escondite, mientras yo vagabundeaba solo por el colegio. Por mucho que lo intentara, no podía dejar de pensar en mi otra escuela en Daly City. Pensaba en el señor Ziegler y los soles con caras sonrientes que dibujaba en mis libretas; en los exámenes de lengua de la señorita Woodworth o en los ratos que pasaba en la biblioteca, donde la señorita Howell ponía "Octopus's Garden", de los Beatles, en el tocadiscos.

No tenía el menor interés por mi nueva escuela. Ya no absorbía los conocimientos como hacía unas pocas semanas atrás. Me sentaba medio dormido detrás del pupitre de aluminio gris, garabateaba cosas en mis papeles y contaba los minutos que faltaban para que sonara el timbre. Lo que había sido un refugio pronto se convirtió en una cárcel que me alejaba de los juegos en el hogar de acogida. A la vez que perdía la concentración, mi caligrafía, antes elegante y fluida, comenzó a parecerse a garabatos.

En casa de tía Mary, mi extraño sentido del humor y mi entusiasmo me hicieron popular entre los otros niños mayores. Cuando a algunos le daban permiso para salir por la tarde, yo siempre lograba ir con ellos. A veces robaban caramelos de las tiendas del pueblo. Como llevaba años robando comida y quería que me aceptaran, les seguí el juego. Si uno se llevaba dos caramelos, yo me robaba cuatro. Me resultaba tan fácil, que al cabo de unas cuantas tardes me había convertido en una leyenda. Sabía perfectamente que lo que hacía estaba mal y también que los chicos mayores se aprovechaban de mí, pero no me importaba. Tras años de estar solo, por fin me aceptaban en un grupo.

También robaba dentro de la casa. Cuando todo el mundo estaba fuera, me metía en la cocina y cogía pan, que escondía bajo la almohada. Después, por la noche, me sentaba en la cama y me comía el botín, como haría un ratón con un trozo de queso. Un domingo por la tarde me harté del pan y decidí robar pasteles del congelador. Por la noche me despertó un ejército de hormigas que subía hasta mi almohada. Tan rápido como pude, procurando no hacer ruido, fui hasta el baño y tiré por el retrete los pasteles y las hormigas. A la mañana siguiente, tía Mary descubrió el robo mientras preparaba nuestro almuerzo para el colegio y le echó la culpa a Teresa, una de las niñas acogidas.

Yo no dije nada, aunque a Teresa le echaron un fuerte regaño y la castigaron en su cuarto después de la escuela. Yo no robaba en el hogar de la tía Mary por la emoción, sólo quería tener reservas por si me entraba hambre alguna vez.

No le tomó mucho a la tía Mary descubrir que yo era el responsable de la desaparición de la comida. A partir de aquel momento, me vigilaba e hizo lo que pudo para restringir mis aventuras por las tardes. Al principio, me daba vergüenza, porque había traicionado su confianza, pero, por otra parte, me importaba poco lo que la "vieja" Mary pensara de mí. Lo único que quería era que me aceptaran los demás niños del hogar.

Las novedades de la casa habían dejado de interesarme antes de principios de julio, cuando me trasladaron a mi primer hogar de acogida permanente. Igual que cuando el policía me llevó a casa de tía Mary por primera vez, me moría de ganas de ver mi nueva casa. Mi madre sustituta, Lilian Catanzc, nos esperaba a la señora Gold y a mí en la puerta. Seguí a la señora Catanze y a la señora Gold por la escaleras que conducían a la sala mientras sostenía una bolsa de papel marrón con todas mis posesiones. La había preparado la noche anterior y no la soltaba para nada.

Sabía por experiencia que si dejaba algo ya no lo vería más. Me quedé muy sorprendido la primera vez que vi a los otros niños transformarse en pirañas cada vez que uno de nosotros dejaba la casa: en cuanto un niño atravesaba la puerta, los otros corrían a su habitación, miraban bajo la cama, en los armarios, por todas partes, buscando ropa, juguetes o cualquier otra cosa. Lo mejor era cuando te encontrabas algo de dinero. Pronto me di cuenta de que no importaba si los ladrones necesitaban las cosas, ni tan siquiera si les gustaban. Los objetos, cualquier objeto, eran moneda de cambio que servía para comprar otras cosas: tareas de la casa, comida a medianoche e incluso dinero. Me adapté rápido, para no perder la costumbre, y me unía a la caza cada vez que alguien se iba. Aprendí que, en lugar de acompañar al niño al auto para desearle buena suerte, había que despedirse dentro de la casa y quedarse cerca de su habitación para llegar antes que los demás, aunque nunca entrábamos en las habitaciones hasta que sus ocupantes se habían ido, como signo de respeto. También aprendí que los intercambios se hacían la noche anterior y que, en señal de cortesía, el compañero de habitación del que se iba tenía prioridad. Yo también iba a dejar algunas camisas y un par de juguetes.

Mientras me imaginaba a los otros niños

saqueando mi habitación, escuché la voz de la señora Catanze: —Bueno, David, ¿qué te parece?

Con la bolsa aún entre las manos, asentí con la cabeza: —Es una casa muy bonita, señora.

La señora Catanze me apuntó con el dedo: —No, no, nada de eso. Todo el mundo me llama Lilian o mamá. Me puedes llamar mamá.

Asentí de nuevo, a las dos mujeres, pero no me sentía cómodo al tener que llamar mamá a la señora Catanze, una mujer a la que acababa de conocer.

Mientras las dos mujeres hablaban, Lilian se acercó a la señora Gold y le habló en voz baja, sacudiendo la cabeza. —¿Ningún contacto? ¿Absolutamente ninguno?— preguntó.

—Así es respondió la señora Gold. —David no debe tener contacto con su madre o hermanos a menos que la señora Pelzer lo solicite.

—¿Y el padre?— preguntó Lilian.

—Con el padre no hay problema. Tiene su teléfono y supongo que la llamará pronto. El padre de David no pudo ir al tribunal, pero lo he mantenido al corriente de todo.

La señora Catanze se acercó un poco más a la señora Gold: —¿Algo más que deba saber?

—Bueno— dijo la señora Gold, —David aún

está adaptándose. Es un tanto hiperactivo y le atrae hacer travesuras. Y tiene las manos muy largas, no sé si me entiende.

Yo estaba sentado en el sofá y hacía ver que no prestaba atención, aunque oía todo lo que decían.

—David— dijo la señora Catanze —¿por qué no nos esperas en la cocina y voy en un minuto?

Seguí a la señora Catanze hasta la cocina con la bolsa aún entre las manos. Me senté en la mesa y me bebí un vaso de agua mientras Lilian cerraba la puerta corredera que separaba las dos habitaciones. La oí volverse a sentar, pero luego las dos mujeres empezaron a hablar en voz baja. Me entretuve observando cómo giraban las manecillas de un reloj despertador y, antes de que pudiera darme cuenta, se abrió la puerta.

La señora Gold me sonrió antes de abrazarme.

—Estoy segura de que vas a estar bien aquí— dijo. —Hay un parque aquí al lado y hay otros niños con los que jugar. Vendré a verte en cuanto pueda, así que pórtate bien.

Le di un abrazo, pensando que volvería a verla en un par de semanas, y la despedí desde la ventana del piso de arriba. Antes de irse en el auto, me despidió con la mano y me envió un beso. Me quedé junto a la ventana, sin saber qué hacer.

—Bueno, bueno— dijo la señora Catanze —¿te gustaría ver tu habitación?

Se me iluminaron los ojos mientras me cogía de la mano: —Sí, señora.

—Recuerda lo que te he dicho— me reprochó Lilian.

Yo asentí. —Lo siento. A veces se me olvidan las cosas.

La señora Catanze me llevó a la primera habitación que había en el pasillo. Después de soltar la ropa, me subí a la cama con ella. —Tengo que explicarte un par de cosas: las reglas de la casa. Eres el responsable de que tu habitación esté limpia y tienes que ayudar en las tareas de la casa. No se puede entrar en la habitación de nadie sin pedir permiso antes. En esta casa no se miente ni se roba. Si quieres ir a algún sitio, me pides permiso y me cuentas a dónde vas y cuánto tiempo vas a estar fuera...

—¿Quiere decir que puedo ir a donde quiera?— pregunté, sorprendido por esa inesperada libertad.

—Por supuesto, dentro de lo razonable— respondió Lilian. —Esta casa no es una cárcel. Mientras te comportes de forma responsable, se te tratará en consecuencia. ¿Lo entiendes?

—Sí, señora Catanze— dije en voz baja. Aún me sonaba extraño llamarla mamá.

La señora Catanze me dio un golpecito en la pierna y se fue, cerrando la puerta tras ella. Me tumbé en la cama y aspiré la fragancia fresca de la almohada. Intenté concentrarme en el sonido de los autos que iban y venían por la calle, hasta que me rindió el sueño. Mientras me dormía, comencé a sentirme seguro en mi nuevo hogar.

Un rato más tarde me despertaron unas voces que venían de la cocina. Me froté los ojos, salí de la habitación y fui a la cocina.

—¿Es él?— preguntó alguien con el pelo rubio y largo. —Esto no es un niño. Es un enano.

Lilian se acercó y le dio una palmada al adolescente rubio y alto en el brazo. —¡Larry, cuidadito con lo que dices! David, perdónale. Éste— dijo mientras le miraba —es Larry júnior. Conocerás a Big Larry en unos minutos.

—Vamos, Larry, es pequeño, pero simpático. Hola, soy Connie. Por cierto, no te metas en mi cuarto a registrar mis cosas, ¿entiendes?—. Cuando se me acercó casi me ahogo con el perfume. Tenía el pelo negro y brillante, unas pestañas muy largas y llevaba un vestido muy corto. No pude evitar mirarle las piernas. Connie se apartó y se puso colorada. —¡Mamá, es un pervertido!

Me dirigí a la señora Catanze. —¿Qué es un "prevertido"?

Lilian se rió: —¡Alguien que no debería mirar las piernas de las chicas!

No lo entendí. Quería saber lo que significaba. Quise volver a preguntar pero la señora Catanze me interrumpió: —Este es Big Larry.

Levanté la vista todo lo que pude y me encontré con un hombre enorme, con el pelo negro y rizado y unas gafas de montura oscura. Tenía una cara amable y simpática. Big Larry sonrió al darme la mano. —Mamá— dijo —me voy al cine. ¿Te importa si me llevo a Dave?

Lilian sonrió. —No hay problema, siempre que cuides bien de él.

—Seguro— soltó Larry júnior —procura que no se asuste ni vea nada... sucio.

Una hora más tarde, Big Larry y yo nos fuimos al cine. Me di cuenta de que era un tanto infantil y tímido. Enseguida me cayó bien. Mientras caminábamos por las calles de Daly City, hablamos de cosas sin importancia. Tuvimos cuidado de no preguntarnos el uno al otro por qué estábamos en un hogar de acogida. Era una especie de código que me explicaron mientras estaba en casa de tía Mary. Conforme nos acercábamos al cine, tuve la sensación de que Big Larry sería mi amigo.

Larry decía que había visto Vive y Deja Morir por lo menos doce veces, así que no entendí por qué quería volver a verla otra vez. Pero al cabo de diez minutos de película yo también estaba alucinado por las escenas de acción y la música que acompañaba a la cinta. Me había pasado años encerrado, soñando con otros mundos, y ahora por fin los tenía en la pantalla. Mientras Larry se embobaba ante las chicas en biquini, yo estaba pegado al asiento, esperando impaciente la siguiente aventura de James Bond, cuando no solo escaparía de la muerte sino que aprovecharía para salvar al mundo de un desastre inevitable. Al salir del cine, el personaje de James Bond se me quedó grabado en la mente, igual que había ocurrido con Supermán muchos años atrás.

El día siguiente resultó ser igual de especial. Rudy, el marido de Lilian, cargó los dos automóviles de niños y de montañas de comida para ir a celebrar el Cuatro de Julio en familia en el parque Junípero Serra, el mismo al que yo había ido de pequeño cuando aún me consideraban un miembro de la familia de mi madre.

Cuando llegamos al parque, ayudé a descargar fiambreras y bolsas llenas de cosas, pero no sabía dónde meterlas. —¿Qué hago con todo esto?— pregunté, sin dirigirme a nadie en especial.

—David, ponlas donde quieras— respondió Rudy.

—¡Pero si todas las mesas están llenas de cosas de otra gente!— me quejé.

Lilian se acercó a Rudy. Se cogieron de las manos. —Ya lo sabemos, David— dijo ella. —Toda esta gente es nuestra familia.

Miré a los grupos de gente que bebía refrescos y cerveza. Había niños corriendo por todas partes. —¡Guao! ¿Toda esta gente son hijos suyos?

Una mujer se puso a chillar. Me dieron ganas de esconderme mientras corría hacía mí, con unos zapatos de madera un poco raros. —¡Mamá! ¡Papá!— gritó. Intentó abrazar a Lilian y Rudy a la vez. La miré a la cara. No se parecía en nada a los señores Catanze.

Lilian lloraba y se sonaba la nariz, luego le dio el pañuelo a la mujer y cerró los ojos un momento para calmarse. —David, ésta es Kathy, una de las primeras niñas que acogimos.

Entonces lo entendí. Miré a uno y otro lado mientras la gente se acercaba a Rudy y Lilian.

—Mamá, papá, he encontrado trabajo. Me casé, voy a clases por la tarde y éste ¡es mi bebé!— anunció Kathy, mientras un hombre con barba le daba a Rudy un bebé envuelto en una manta amarilla. —¡Oh, mamá, papá, me alegro tanto de verlos!— dijo Kathy, llorando.

Una pequeña multitud de adultos se apiñó junto a los Catanze. Los niños saltaban, reclamando atención, mientras los adultos intercambiaban bebés y besos. Unos minutos más tarde, me excusé y me subí a la cima de la colina. Me senté a observar los aviones que despegaban del cercano aeropuerto.

—No está mal, ¿no?— dijo una voz familiar.

Me volteé y descubrí a Big Larry.

—Cada año es lo mismo, pero con más gente. Supongo que les gustan los niños. ¿Qué te parece?— preguntó Larry.

—¡Alucinante! ¡Debe haber cientos de personas ahí abajo!— exclamé. —¿Habías estado antes aquí?

—Sí, el año pasado. ¿Y tú?

Me paré un momento para observar un jumbo que giraba hacia el oeste. —Cuando era pequeño... — empecé, aunque no estaba seguro de querer contárselo. Hacía mucho tiempo que callaba lo que llevaba dentro. Carraspeé antes de continuar: —Mis padres, mi padre y mi madre biológicos, nos traían a mis dos hermanos y a mí a este parque cuando éramos pequeños—. Sonreí. —Nos pasábamos el día subiendo y bajando por la colina, jugando en los columpios... —. Cerré los ojos y me imaginé junto a Ron y Stan, felices y sonrientes. Me preguntaba qué estarían haciendo en ese preciso instante.

—¡Dave! ¡Eh, David! ¡Dave, despierta!— me gritó con las manos junto a la cara en forma de altavoz.

—Lo siento— respondí —me parece, me parece que voy a dar una vuelta.

Le pedí permiso a Lilian y eché a andar por el camino que atravesaba la colina. Unos minutos más tarde me encontré en el mismo claro que había pisado en mi otra vida. Entonces pertenecía a la familia perfecta; ahora era un niño que buscaba un pasado. Avancé hacia los columpios y me senté en uno de color negro. Patée la arena, hasta que comenzó a meterse en mis zapatos. Mi mente volvió a divagar.

—Señor, ¿no va a jugar con el columpio?— me preguntó un niño pequeño.

Me levanté y me fui. Me sentía vacío por

dentro. Frente a mí, bajo la sombra de los árboles, había una pareja joven, sentada en la misma mesa en la que se sentaron mi padre y mi madre hacía años. La mujer se levantó y llamó a los niños con las manos apoyadas sobre las caderas, igual que hacía mi madre cuando llamaba a sus hijos. Nuestras miradas se cruzaron unos segundos. Me sonrió y me saludó con la cabeza. Mientras oía a los niños correr desde los columpios, cerré los ojos y deseé tener respuestas, saber por qué mi relación con mi madre había ido tan mal.

No dejaba de preguntarme si mi madre me había querido alguna vez y por qué me trataba de la forma en que lo hacía. Aquella tarde me moría de ganas de hablar con la señora Catanze, pero no me atreví.

A la mañana siguiente, me levanté tarde y fui a la cocina. —No está aquí, enano— me espetó Larry júnior, —Tendrás que prepararte tú mismo el desayuno.

No sabía qué hacer. No sabía cocinar ni sabía dónde estaban los tazones o los cereales.

—Bueno— empezó Larry júnior —Oí decir que tu madre te pelaba duro. Dime, ¿qué se siente? Quiero decir, ¿que te hagan fregar el suelo con la lengua?

No me lo podía creer. Cada vez que me encontraba con Larry júnior, intentaba meterse conmigo. Me mordí el labio, para darme tiempo a pensar una respuesta. No se me ocurrió nada inteligente. La rabia me subía desde dentro.

—Bueno, chico, dime, ¿qué se siente? Sólo por curiosidad. En serio, ¿qué se siente cuando te patean? ¿Por qué no te defendías? ¿Qué eres, una especie de gallina?

Me di la vuelta y me fui corriendo a mi cuarto. Le oía reírse mientras cerraba la puerta de un portazo. Me tumbé en la cama y me eché a llorar, sin saber por qué. Me quedé acostado todo el día.

—Señora Catanze, ¿soy un gallina?— le pregunté al día siguiente, mientras iba con ella al centro comercial.

—¿Un gallina? David, ¿quién te ha dicho eso?

No quería ser un delator, pero Larry era un imbécil y de todas formas no me caía bien. Estaba enfadado por la forma en que él y los otros chicos mayores me trataban. Tragué saliva antes de responder a Lilian.

—No le hagas ni caso— me dijo. —Es un chico conflictivo, David. Tenemos un repertorio de...

La miré con cara sorprendida.

—Bueno, un grupo de jóvenes que tiene

diferentes, digamos, necesidades especiales. Larry está en la edad de la rebeldía. Quiere ir contra todo y contra todos. Sé paciente con él, muy paciente. Sólo te está poniendo a prueba. Dale tiempo, ¿de acuerdo?

—Sí, señora, eso lo entiendo, pero, ¿soy un gallina porque no me enfrenté a mi madre? Quiero decir, ¿está bien enfrentarse a la madre de uno?

La señora Catanze puso el auto en punto muerto cuando paramos frente a Tanforan Park. Se volteó hacia la derecha y se sacó las gafas. —No, David— dijo. —No eres un gallina por no defenderte. No sé lo que pasó, pero no eres un gallina. Venga, vamos. El condado me ha dado un cheque de 127 dólares para comprarte ropa. Y...— Lilian sonrió. —No me da miedo gastarlo todo. Lección número uno: ¡vámonos de compras!

Cuando Lilian me cogió de la mano, me emocioné: —¡Ciento veintisiete dólares! ¡Guao, eso es mucho dinero!

—No para un chico que está en edad de crecer. Porque piensas seguir creciendo, ¿no? Eso fue lo que nos dieron para todo el año. Ya verás cuando seas padre— dijo Lilian, mientras abría la puerta de Sears.

Dos horas y tres bolsas llenas de ropa más tarde, Lilian y yo volvimos a casa. Yo estaba radiante de felicidad. Cerré la puerta de mi cuarto y con sumo cuidado puse la ropa encima de la cama. Después me dediqué a ordenar las camisas por colores, doblé la ropa interior y lo guardé todo. Cuando hube acabado, me senté al pie de la cama y unos segundos después abrí los cajones a toda velocidad y volví a ordenar la ropa. Después de cuatro veces, abrí los cajones con cuidado. Con la mayor delicadeza, saqué una camisa azul marino. Me temblaban las manos. Aspiré el aroma del algodón. Sí, me dije, esta ropa es mía. Una ropa que nadie había tocado o llevado antes que yo. No eran los harapos que madre me hacía llevar ni ropa que hubiera guardado desde las últimas Navidades y que me dejaba porque le daba pena. Ni la ropa de tía Mary, que heredé de otros niños del hogar adoptivo.

—¡Yupi!— grité. Y sin pensarlo dos veces, volví a abrir los cajones y eché todo en la cama otra vez. Me costó un montón volver a colocarlo todo bien, pero no me importaba: estaba gozando.

Unos días más tarde, antes de comer, Lilian colgó el teléfono de la cocina y me dijo que dejara la televisión y fuera a verla. —Bueno— preguntó —¿cómo estás hoy?

Levanté los hombros. —Igual que siempre, supongo—. Abrí los ojos: —¿He hecho algo malo? ¿Pasa algo?

—No, no— dijo con voz calmada. —Y quítate esa maña. ¿Por qué tienes que contestar así cada vez que alguien te pregunta cualquier cosa?

Sacudí la cabeza. Entendía lo que quería decir, pero no sabía por qué me ponía nervioso cada vez que alguien me hacía una pregunta. —Ni idea.

Lilian asintió. —Epa, ¿qué tal si almorzamos juntos? Echaremos a Larry júnior y nos quedaremos los dos solos, ¿te parece?

Se me iluminó la cara. —¡Genial!—. Me gustaba quedarme solo con ella, me hacía sentir especial.

Lilian preparó un par de sandwiches de mortadela y yo cogí una bolsa de papitas fritas. Primero me recomendó, y al final tuvo que ordenarme, que comiera más despacio y con mejores modales. La obedecí y dejé de agarrar toda la comida que veía o de metérmela toda en la boca a la vez. Le sonreí, para demostrarle que podía masticar con la boca cerrada.

La señora Catanze parecía tomarse todo su tiempo para comerse su sandwich. Estaba a punto de preguntarle por qué masticaba tan despacio cuando oí unos golpes en la puerta. Sin pensarlo dos veces, dije que iba a abrir. Con la comida en la boca, bajé las escaleras y abrí la puerta.

Un segundo después casi me atraganto. La mente se me puso en blanco. No podía dejar de mirarla.

—Bueno, ¿no piensas invitarnos a pasar?— preguntó mi madre con voz amable.

Detrás de mí oí a Lilian que se acercaba a la puerta. —Hola, soy Lilian Catanze. Hemos hablado por teléfono. Estábamos acabando de comer.

—Quedamos a la una, ¿no es cierto?— preguntó mi madre con voz un tanto irritada.

—Este... Sí, claro. Pasen, por favor— dijo Lilian.

Mi madre entró, seguida de los chicos. Stan pasó de último y me hizo una mueca mientras empujaba mi bicicleta, que la abuela me había regalado las últimas Navidades. Me acordé del día que mi madre me dejó subir a la bicicleta, dos veces. Nunca había montado en bicicleta y me caí varias veces antes de lograr dominarla. Al final del día pasé por encima de un clavo y la rueda delantera se reventó. Cuando Stan metió la bicicleta en casa de Lilian, enseguida me di cuenta de que las dos ruedas estaban reventadas y que, además, le faltaban piezas.

No me importaba. Aquella bicicleta amarilla y roja de sillín rojo metalizado era una preciada posesión para mí. Me extrañaba que mi madre hubiera decidido traérmela.

Mi madre y los chicos sólo se quedaron unos minutos, pero Lilian no se movió de mi lado ni un instante. Aunque mi madre parecía más relajada, no fría y desagradable, como cuando vino a verme a casa de la tía Mary, seguía sin hablarme. Yo tenía muchas cosas que contarle. Quería enseñarle mi habitación, mi ropa nueva y los dibujos que había hecho en la escuela, pero sobre todo quería demostrarle que merecía su aprobación.

—Bueno— dijo mi madre mientras se levantaba del sofá. —Sólo hemos venido por un rato. Recuerda, David, vendré a verte de vez en cuando, de modo que, pórtate bien— dijo con voz seca.

Lilian le dio la mano antes de que yo tuviera tiempo de decir nada. —Gracias por la visita, señora Pelzer. Y recuerde, *si decide volver algún día,* no se olvide de llamar antes— replicó, mientras mi madre salía por la puerta.

Subí corriendo las escaleras. Me paré frente a

una ventana alta y allí me quedé mirando a mi madre y los chicos meterse en la camioneta gris y descolorida. Mientras se iban, les saludé con la mano, pero nadie me vio. Me hubiera gustado que, por una vez, alguno de ellos sonriera y me devolviera el saludo.

Lilian suspiró mientras me ponía las manos en los hombros. —Así que ésa es tu madre. ¿Estás bien?

Asentí con la cabeza y me eché a llorar. Miré a Lilian. —No me quiere, ¿verdad? Es que... no lo entiendo. ¿Por qué? ¿Por qué no me habla? ¿Tan malo soy? ¿Por qué no me avisó que ella vendría? ¿Por qué?

—Estoy cansado de que me trate como si, como si no existiera. Estoy cansado de ella, de mis hermanos, del idiota de Larry... —. Apunté con el dedo hacia la ventana. —Ni tan siquiera ha hablado conmigo. Nunca habla conmigo. ¡Nunca!—. Me agarré a Lilian. —¿Tan malo soy? Intento ser bueno, portarme bien. Yo no le he pedido que viniera, ¿no?—. Me alteré aún más y empecé a agitar las manos mientras daba vueltas por el comedor: —¿Acaso le pedí que me pegara... que no me diera nada de comer durante días... que me hiciera vivir y dormir en el sótano como si fuera ... como un animal?

— Por la noche ni siquiera me daba una manta. A veces tenía mucho frío... trataba de calentarme, de verdad, pero... — lloraba mientras movía la cabeza.

Me soné la nariz con la mano y cerré los ojos. Durante un breve instante me volví a ver de pie frente al fregadero de la cocina, en casa de mi madre. Junto a mí había una servilleta maloliente de papel rosa. Inspiré antes de abrir los ojos. — Recuerdo, recuerdo un sábado por la tarde... me hizo recoger una caca de perro y... yo estaba en la cocina y ella estaba tumbada en el sofá, mirando la tele. Eso es lo único que hace, todo el día, se pasa la vida mirando la televisión. Total, lo único que tenía que hacer era tirar la mierda por el desagüe; nunca se hubiera dado cuenta y si se enteraba, ya sería demasiado tarde. Quiero decir que, para cuando oyera correr el agua, ya no podría hacer nada... pero me la comí porque me había dicho que lo hiciera. Mientras lo hacía, lloraba, pero no por eso... sino por *haber permitido* que ella me hiciera una cosa así. Por todos los años en que había dejado que me tratara como lo hizo. Me pasé años muerto de vergüenza.

Empecé a berrear. —Nunca se lo he contado a

nadie, a nadie. Quizás Larry tenga razón. Tal vez soy un cobarde.

—¡Oh, David! ¡Por el amor de Dios!— gritó Lilian. —No sabíamos nada...

—Mire esto— dije y me levanté la camisa. —Aquí... aquí es donde me apuñaló. No lo hizo adrede. Fue un accidente. ¿Pero sabe por qué lo hizo?

Lilian se puso blanca. Cerró los ojos y se tapó la boca con la mano. —No, David, no lo sé. ¿Por qué?

—Dijo que me mataría "si no fregaba los malditos platos en veinte minutos". Divertido, ¿no? Lo divertido es que, desde que pasó, siempre he querido decirle que sé que no quería matarme, que sabía que fue un accidente. Recé para que el accidente nos acercara el uno al otro, para que se diera cuenta de que se había pasado de la raya, de que ya no podía esconder nuestro secreto. Quería que supiera que la perdonaba.

—¡Pero no! Resulta que yo soy el malo, ni tan siquiera me habla. Como... ¡como si yo fuera el malo!—. Podía sentir mis brazos tensarse y mis manos cerrarse en dos puños. Miré a la señora Catanze mientras sacudía la cabeza lentamente. —¡Carajo! ¡Ni tan siquiera me habla! ¿Por qué? ¿Por qué? ¿Por qué?

Lilian se arrodilló frente a mí. También lloraba. —David, no lo sé. Tienes que hablar con alguien, alguien que pueda ayudarte. Tienes que sacarte este peso de adentro, necesitas a alguien más preparado... que sepa qué hacer. La señora Gold y yo buscaremos a alguien que te ayude a encontrar respuestas, ¿de acuerdo?

Me sentía como si ya no estuviera dentro de mí. Traté de concentrarme en el movimiento de la boca de Lilian, pero no entendía lo que estaba diciendo. Me tomó de la mano y me llevó a mi cuarto. Mientras me acostaba, me acariciaba el pelo y me susurraba: —No te preocupes, estoy aquí. Todo saldrá bien.

Unas horas más tarde me levanté ya despejado y seguí a la señora Catanze escaleras abajo para examinar la bicicleta. Sacudí la cabeza, disgustado. —Ha sido cosa de Stan— dije —el señor arréglalo todo. Es su forma de vengarse de mí.

—Bueno, David— me dijo Lilian muy seria —la pregunta es: ¿vas a quedarte aquí quejándote o piensas hacer algo al respecto?—. Se detuvo un minuto para pensar. —¿Sabes? Si quisieras... podrías ganar algo de dinero extra para poder arreglar la bicicleta. Si quieres, claro.

Subí las escaleras y me tiré en el sofá. No

dejaba de darle vueltas al asunto de la bicicleta. Cuando Big Larry volvió del trabajo, corrí a su habitación para que me aconsejara al respecto. Nos pasamos la tarde pensando en la manera más rápida de conseguir mi objetivo; a las diez de la noche trazamos el plan perfecto, un plan tan bueno que Larry estaba convencido de que la bicicleta estaría lista en menos de un mes. Larry, que decía ser un "perfecto estratega" (aunque yo no tenía ni idea de lo que significaba eso), me dijo que cuando mamá y papá me vieran venir, me darían el dinero sin pensarlo.

—¡Guao! —exclamé. —¡No puedo creerlo!

Antes de separarnos, bautizamos el plan: "operación soborna a los padres".

Al día siguiente me pasé toda la mañana pegado a Lilian, sin dejar de pedirle que me diera algo que hacer. Al cabo de una hora levantó los brazos: —¡Está bien! ¡Me rindo! Llévate estos trapos y limpia el baño. Sabes como se limpia un baño, ¿no?

Sonreí mientras me decía a mí mismo, *ni siquiera te imaginas lo bien que sé hacerlo.* La miré fijamente y moví la cabeza. —¿Cuánto?

Lilian parpadeó. —¿Qué?

—¿Que cuánto me va a pagar por limpiar el

baño?— dije, en mi tono de voz más serio.

La señora Catanze asintió. —Ya veo. Bueno, jovencito, te diré lo que vamos a hacer: te pagaré veinticinco centavos...

Antes de que terminara la frase, repliqué: —¡No! No es suficiente.

—Vaya con el niño. De acuerdo, ¿cuánto quieres?

Me sentí avergonzado. Big Larry no me había enseñado qué hacer en este caso. —No sé— dije, con la confianza perdida.

—A ver— me dijo ella mientras me acariciaba. —Te daré treinta centavos. Lo tomas o lo dejas.

Big Larry sí me había explicado qué hacer cuando alguien te decía "lo tomas o lo dejas", había que aceptar y no pedir explicaciones. Asentí, satisfecho. —De acuerdo, trato hecho. Chócala.

Lilian no parecía preparada para mis artes negociadoras. Sentía que me había aprovechado de ella, que había conseguido no sólo que me pagara, sino que me diera más de lo que me había ofrecido en un principio.

Me pasé casi dos horas limpiando el baño para que estuviera "listo para revista", según dijo la señora Catanze. Al final, tenía la impresión de que *ella* se había aprovechado de mí de algún modo.

Mientras fregaba el suelo por tercera vez, supe que tenía que hablar con Big Larry y quejarme de nuestro plan infalible.

Mis sentimientos encontrados cambiaron cuando Lilian me puso las monedas en la mano. Sin darle las gracias, salí corriendo hacia mi cuarto, busqué un frasco y metí el dinero dentro. Cada día miraba cómo se iba llenando el frasco. En menos de un mes había ganado cuatro dólares, más que suficiente, supuse, para arreglar la bicicleta. Finalmente, después de darle la lata un buen rato, Tony, el hijo de Lilian, me llevó en su vieja furgoneta naranja a la tienda de bicicletas. Tony sabía ya, sin que yo tuviera que decirle nada, qué piezas se necesitaban. Cuando llegó el momento de pagar, entregó, discretamente, más dinero que el que yo había ahorrado.

Aquel día tomé prestadas, sin permiso, algunas herramientas que había encontrado en la casa y me puse a trabajar en la bicicleta. Después de docenas de intentos de meter las cámaras de aire en las ruedas, me sequé las rodillas, llenas de arañazos, me monté en la bicicleta y, por primera vez en mi vida, dejé escapar un grito de victoria, mientras pedaleaba feliz calle abajo.

Recuerdo el 21 de agosto de 1973 como *el día*

de mi bicicleta. Aquella fue la primera vez que me sentí un niño *normal,* iluminado por el esplendor de una infancia sin fin. Llevaba años viendo pasar a otros niños con sus bicicletas, chillando de alegría. Aquel día debo haber recorrido la calle al menos un centenar de veces. La señora Catanze tuvo que llevarme a rastras a la casa. —¡David Pelzer, hace una hora que oscureció! ¡Ven a casa de una puñetera vez!— me decía, mientras yo pasaba frente a ella desafiante.

Aunque me dolían las piernas del esfuerzo, no quería que aquel día se terminara. Cuando Lilian se puso las manos en la caderas en gesto desafiante, bajé de la bicicleta y la arrastré hasta la casa. Parecía que estaba a punto de regañarme, pero la desarmé con la mejor de mis sonrisas.

—Está bien— dijo mientras me pasaba el brazo por el cuello. —Entra. Mañana será otro día. Cuando hayas acabado tus tareas, puedes llevar la bici al parque.

Yo levanté el puño en señal de victoria. —¡Bravo!— grité.

A la mañana siguiente, cuando me levanté de la cama, descubrí que apenas podía doblar las piernas. Me miré al espejo y sonreí.

—¡Bravo!

CAPITULO

5

A la deriva

Después de mi primer contacto con la libertad, pasaba tanto tiempo como podía montado en mi bicicleta. En cuanto me levantaba de la cama, miraba por la ventana (siempre dormía con las persianas levantadas) y comprobaba el tiempo. Entonces engullía el desayuno, hacía las tareas a toda velocidad, bajaba las escaleras de cuatro en cuatro y cerraba la puerta de golpe, luego de avisar a gritos a la señora Catanze de que me iba.

La señora Catanze me miraba desde la ventana de la cocina. Como no perdía una oportunidad de lucirme, la saludaba con la mano por la espalda. En ocasiones pedaleaba tan deprisa que pensaba que iba a salir volando. Luego montaba los pies en la barra y avanzaba sin pedalear sobre la hierba del parque. Después de estacionar la bicicleta, jugaba en el inmenso fuerte de madera de tres pisos. Subía por todas las cuerdas y corría por el puente hecho de cadenas. Cuando ya no podía más, me tumbaba a recobrar el aliento. Me gustaba subirme a lo alto del fuerte para sentir los rayos del sol que acariciaban al parque.

Cuando oía risas, miraba por encima de las maderas del fuerte a los otros niños, a menudo más pequeños que yo, que jugaban con sus amigos o con sus padres. Quería unirme a ellos, pero nunca me atrevía. En el fondo sabía que no encajaba con ellos.

Me quedaba en el parque hasta que no podía ignorar más mi estómago. Entonces me montaba en la bicicleta y pedaleaba hasta casa de Lilian. Me había acostumbrado a aguantar la respiración y soltar un grito cada vez que entraba en la casa: —¡Ya estoy aquí!—. Lilian siempre respondía, pero un día no lo hizo. Subí las escaleras y corrí a la cocina.

La busqué hasta que oí una voz detrás de mí: —No está, enano—. Larry júnior tenía uno de sus días extraños.

Tenía ganas de mandarlo bien lejos, pero me

mordí la lengua y miré al suelo. Con timidez asentí con la cabeza sin mirarle a los ojos, para indicar que había ganado. Mientras intentaba salir de la cocina para ir a mi cuarto y esperar a Lilian, me cerró el paso. Me cogió del brazo sin avisar.

—¿A dónde va el niñito de mamá?— me dijo en tono de burla, mientras me apretaba el brazo.

Le miré con cara de odio mientras intentaba soltarme. —¡Oye, tú, suéltame!— exclamé.

—Larr... Larry... de... dejal... deja al... muchacho... en paz— tartamudeó Chris. Me volteé para mirar a Chris, uno de mis hermanos de acogida. Me sorprendió verle porque no solía salir de su habitación en la planta baja.

Larry júnior mantuvo la presión sobre mi brazo, pero me di cuenta de que estaba dispuesto a concentrar su atención en Chris. Me dio un apretón final antes de soltarme. —Ja, ja, ¿qué quiere el retardado? ¿No deberías estar en tu cuarto, mongólico?— dijo Larry burlándose.

Chris era la primera persona con parálisis cerebral que había conocido. Se le veía el dolor en los ojos. Yo sabía lo que era que se burlaran de ti y lo odiaba. También sabía que lo único que pretendía Larry era herir los sentimientos de Chris.

Este se acercó a Larry muy despacio, hasta que lo tuvo frente a frente. Larry levantó las cejas e hizo un ademán con el brazo. Me lo imaginé golpeando a Chris y partiéndole los dientes. Sin pensarlo, grité: —¡No! ¡Para! ¡Déjale en paz!

Larry júnior levantó el brazo hacia Chris, pero en el último momento se pasó la mano por el pelo. —¡Bah!— dijo despectivo. —Es demasiado fácil asustar a un par de anormales.

Sentía que me hervía la sangre. —¡Vete a la mierda!— grité.

Larry abrió los ojos. —Oh, el niñito de mamá puede hablar. Qué miedo. Buuu. Mira, enano— me dijo mientras me empujaba contra el fregadero —¿quieres que te de una paliza?

Sabía que con el tamañote que tenía podía acabar conmigo, pero no me importaba. —Apártate de mi— le dije. —Estoy harto de ti. ¿Te crees que porque eres más alto y mayor tienes derecho a tratarnos así? ¿Te gustaría que alguien te hiciera lo mismo?

Larry se quedó sorprendido por un momento. Después sacudió la cabeza: —Y, tú, ¿quién te crees que eres, el doctor Spock?—. Me quedé un segundo pensando en lo que me había dicho: *¿Spock? ¿Se refería al orejudo de* Star Trek?, me pregunté.

—Más vale que no te metas donde no te llaman y sigas montando tu bici— prosiguió Larry. —Si no— me dijo, amenazante —quizás tengas que fregar el suelo con tu cara.

Perdí el control. Quería encaramármele encima y partirle la cara. Corrí hacia él. —Estoy harto de aguantar las bromas de gente como tú. ¡Eres un... un imbécil! Te crees que eres muy importante, ¿eh? Eres un bravucón, un abusador. No vales... no vales una mierda. Te crees muy fuerte, ¿no? Como si hubiera que ser muy fuerte para meterse con Chris. ¿Quieres darme un puñetazo? Bien, vamos, ¡inténtalo! A ver qué sabes hacer. ¡Vamos, grandulón! ¿Qué, no te animas?

Tenía los puños listos. Sabía que lo que hacía estaba mal, pero después de pasarme años aguantando a gente que se creía superior a mí, estaba harto. Ver como trataba Larry júnior a Chris me puso frenético. Tenía que hacer algo.

Me costaba respirar, pero me di cuenta de que había impresionado a Larry. Se iba poniendo serio mientras yo lo acosaba sin parar. Por una vez, era yo el que tomaba la ofensiva. Me gustó esa sensación. Larry miraba a un lado y a otro hasta que me agarró y de un codazo me empujó al fregadero. Me di un golpe en la cabeza, pero la rabia hizo que no me doliera.

Antes de salir corriendo de la cocina, Larry amenazó a Chris. —Más vale que tengas cuidado, muchachito, o uno de estos días te vas a caer escaleras abajo y aparecerás con el cuello roto, anormal. Hace falta algo más que este enano de mierda para defenderte, que lo sepas.

—¡Y tú!— Larry se detuvo y me miró. —¡Cuidadito con lo que dices! Si quisiera, te haría morder el polvo— me dijo desafiante mientras chasqueaba los dedos. —¡No me busquen! ¿Entendieron bien? ¡Los dos son unos anormales!

Me apoyé en el fregadero hasta que oí a Larry dar un portazo en su habitación, tan fuerte que vibraron las ventanas del piso de arriba. Al cabo de unos segundos me levanté, con los ojos cerrados, intentando controlar la respiración. Me costó mucho recuperar un ritmo normal.

Abrí los ojos y busqué a Chris. Había desaparecido. Mientras salía de la cocina y me dirigía al salón, oí la puerta de Chris que se cerraba de golpe. Bajé las escaleras y llamé a su puerta antes de entrar. Estaba sentado en la cama, mirando al suelo. Lloraba. —¿Larry te ha golpeado?— le pregunté.

—¡No... claro que... no! ¡Yo no... no necesito a na... nadie que me proteja! ¡No me hace fa... falta que un... enano... me... ! — tartamudeó Chris.

—Chico, ¿de qué hablas?— pregunté. —Larry es un abusador. Estoy harto de que se meta contigo y conmigo todo el tiempo.

Chris levantó la cabeza. —Me... mejor te preocupas de ti mismo. Ah... y puedes tener mu... muchos problemas si... si mamá te oye decir esas pal... palabrotas.

Le hice ver con un gesto de la mano que no me preocupaba para nada su advertencia. Luego lo seguí con la vista cuando se acercó cojeando hasta el equipo de sonido. Tomó un casette grueso y rojo y lo metió en un aparato "de ocho pistas", como él lo llamaba. Yo nunca había visto uno antes. Después de un par de clics, un grupo coral llamado Three Dog Night empezó a cantar "Joy to the World". Mientras resonaba la música en los viejos altavoces de Chris, me senté junto a él. Me di cuenta de que lo que había hecho antes estaba mal. —Oye— le dije —lo siento. Me pasé de la raya—. Chris me hizo un gesto para decirme que me perdonaba. Le devolví la sonrisa. —Por cierto, Chris, ¿qué quiso decir Larry cuando dijo que me haría "morder el polvo"?

Chris se rió, mientras se le salía la baba por un costado de la boca. —Este...eh.... bueno, ¡que te va a matar a golpes!

—Pero, ¿por qué se mete contigo? No le has hecho nada. No lo entiendo.

Le brillaron los ojos. —Chico, eres... muy gracioso. Mírame bien. No necesita un pretexto. La gente como Larry se mete con... conmigo porque soy dif... diferente. Tú, tú también eres diferente. Eres un enano bocazas.

Me tumbé en la cama de Chris mientras me explicaba que sus padres le habían abandonado cuando era muy pequeño y que siempre había vivido en hogares de acogida. Me dijo que había estado en más de una docena de ellos hasta que se mudó con Rudy y Lilian. Los Catanze eran lo más parecido a una familia que había conocido nunca. Le escuché con atención. Su tartamudeo me recordaba a mí mismo hacía unos meses. Chris parecía asustado, se le veía en los ojos. Me dijo que aquél era su último año en un hogar de acogida.

—¿Y eso qué significa?— le pregunté, mientras la cinta cambiaba de pista.

Chris tragó con fuerza, procurando concentrarse antes de responder. —Bueno, em... significa que... cua... cuando cumples dieciocho, te... te vas y tienes que va... valerte por ti mismo.

—¿Y tú tienes diecisiete años?

Chris asintió.

—¿Y entonces quién se ocupará de ti?

Chris miró al suelo. Se frotó las manos unos segundos. Primero pensé que quizás no me había oído, pero cuando volvió a mirarme entendí por qué estaba asustado y por qué había estado llorando.

Yo asentí también. Ahora me daba cuenta.

Después de la pelea con Larry júnior, me encerré en mí mismo y procuré mantenerme alejado de él, pero cuando no había nadie más en la casa y me lo encontraba, no podía dejar de demostrarle mi odio, sin razón aparente. A veces me insultaba y otras veces me perseguía por la casa. Siempre me alcanzaba y me tiraba al suelo. Una vez, después de golpearme el brazo varias veces, me gritó: —¡Dime "tío"!— jadeó Larry—. ¡Ríndete!

No lo entendí. Intenté sacármelo de encima, mientras él permanecía sentado sobre mi pecho y seguía pegándome: —¡Nunca!— le respondí.

Después de unos minutos, vi cómo comenzaba a sudarle la frente. —¡Dime "tío"! ¡Dilo!— repetía, con la respiración entrecortada. —Ríndete, coño.

Aunque estaba exhausto después de intentar

quitármelo de encima, me di cuenta de que Larry se estaba empezando a cansar. —¡Nunca! ¡Tú no eres mi tío! ¡Suéltame!

Larry me soltó riendo. Sin pensarlo, yo también me eché a reír. Me dio un golpecito en la espalda. —¿Estás bien? Tengo que reconocer una cosa, enano: tienes mucho aguante. Nunca te rindes— me dijo, respirando con dificultad. —Pero eres un loco hijo de pu...

De repente me levanté y lo empujé al suelo con todas mis fuerzas. Lo miré con rabia y él se sorprendió de mi reacción: —¡No estoy loco! ¡Y no se te ocurra volver a decirme eso, nunca más!— le grité, antes de echarme a llorar.

En ese momento, escuché a la señora Catanze cerrar la puerta principal en el piso de abajo. Le sostuve la mirada a Larry el mayor tiempo que pude, antes de ir a esconderme en mi cuarto.

—¿Se puede saber qué pasa?— preguntó Lilian. —¿Están peleando otra vez? Ya se los he dicho, los dos me tienen harta.

—No fui yo, señora. Fue el enano— dijo Larry en voz baja. —No está bien de la cabeza. Quiero decir, que está loco como una cabra. Estaba jugando con él y se explotó conmigo.

Me aparté de la puerta y me eché a llorar.

No sé por qué era tan tonto. Me esforzaba por entender lo que decían los otros niños acogidos, para aprender, para que me aceptaran. Me moría de ganas de que me quisieran, pero no acababa de entender. *Tal vez,* me dije, *soy realmente un anormal. Tal vez estoy loco de verdad.*

Me volteé cuando oí a alguien llamar a la puerta. Me sequé la nariz con la manga de la camisa antes de abrir. —¿Puedo entrar?— dijo la señora Catanze, con una amplia sonrisa. Asentí con la cabeza.

—¿Así que Larry y tú han vuelto a pelear?— preguntó.

Asentí de nuevo, pero más despacio.

—Bueno, ¿qué crees que deberíamos hacer?

Cerré los ojos mientras me caían las lágrimas por la cara. —No sé por qué me siento tan mal— dije.

La señora Catanze me abrazó. —No te preocupes. Esto es algo que tendremos que resolver juntos.

Unos días más tarde, Rudy y Lilian me llevaron al médico. Rudy se quedó en el Chrysler azul mientras Lilian me acompañaba a la consulta. Esperamos unos minutos hasta que una señora mayor le dijo a Lilian que pasara a otra habitación. Después de un rato, Lilián volvió. Se agachó y me dijo que iba a ver a un médico especial que me ayudaría a sentirme mejor "ahí arriba", mientras me señalaba la cabeza.

Un poco más tarde, seguí a la misma mujer que había acompañado a Lilian. Abrió una puerta y me hizo un gesto para que entrara. Con mucho cuidado, entré en la habitación. La mujer cerró la puerta detrás de mí. Estaba de pie en una sala oscura. Busqué una ventana, pero las persianas estaban bajadas. Daba un poco de miedo. Permanecí en medio de la habitación unos segundos hasta que un hombre, al que no había visto cuando entré, me dijo que me sentara. Pegué un brinco cuando oí la voz. El hombre encendió la luz de su mesa. —Vamos, siéntate—. Le obedecí y me senté en una silla enorme mientras le miraba. *¿Estoy en la consulta correcta?,* pensé, *¿éste es el médico? ¡No puede ser un psiquiatra!*

Los segundos se volvieron minutos. Por mucho que lo intentaba, no podía verle bien la cara. Se frotaba las manos mientras me observaba, como si me estudiara. Yo miraba a un lado y a otro. Había un sofá largo junto a la pared que tenía a la espalda. Las otras paredes estaban cubiertas con estantes llenos de libros.

Mientras el hombre me observaba desde su

escritorio, empecé a jugar con las manos. No aguantaba más. —Perdone, ¿es usted el psiquiatra? ¿Quiere que me acueste en el sofá o estoy bien aquí?— pregunté con voz entrecortada.

Me costaba seguir hablando mientras esperaba alguna respuesta. Cruzó las manos. —¿Por qué preguntas eso?— me dijo con voz neutra.

Me acerqué para oírle mejor. —¿Cómo dice?— pregunté.

El hombre carraspeó. —He dicho, ¿por qué preguntas eso?— dijo, enfatizando las palabras.

Me sentí minúsculo. No sabía qué decir. Me tomó una eternidad responder: —No sé.

Como movido por un resorte, el hombre cogió un papel y empezó a escribir en un pedazo de papel. Sonrió. Yo le devolví la sonrisa. Sabía que había dicho una bobada, así que intenté pensar en algo inteligente que decirle. Quería gustarle, no quería que pensara que era un perfecto idiota. Asentí confiado: —Está oscuro aquí, ¿no?

—¿De veras?—. El doctor se puso a escribir de nuevo, a una velocidad vertiginosa. Entonces me di cuenta de que el hombre (el médico, supuse), iba a registrar todo lo que yo dijera.

—¿Y por qué preguntas eso?— insistió el doctor.

Reflexioné antes de responder. —Porque... está

oscuro— dije, buscando su aprobación.

—Y tú tienes miedo de la oscuridad, ¿no es así?— dijo, como respondiendo a su propia pregunta.

Piensa que estoy loco, me dije. Me moví nerviosamente en el asiento, sin saber cómo responder. Empecé a frotarme las manos. Deseaba que la señora Catanze entrara por la puerta y me sacara de allí.

Siguió un largo rato en silencio. Mejor me quedaba calladito, para no meter más la pata, pensé. Me miraba los dedos. El doctor carraspeó. —Así que, ¿te llamas Daniel?

—David. Me llamo David— dije orgulloso, mientras me acercaba a él. Al menos sabía mi nombre.

—Y estás en un hogar de acogida, ¿no es cierto?

—Sí... señor—, dije, despacio, mientras trataba de imaginar a dónde quería ir a parar.

—¿Por qué? Dime— preguntó, mientras se ponía las manos tras la nuca y levantaba la vista al techo.

No estaba seguro de la respuesta. —¿Cómo dice?— pregunté, como si no lo hubiera entendido.

El doctor movió la cabeza hacia mí. —Dime,

David, ¿por qué estás en un hogar de acogida?— preguntó, con voz irritada.

La pregunta del médico fue como un puñetazo en la cara. Me sentía confundido. No quería hacerle enfadar, pero es que no entendía lo que quería decir. —No, no lo sé.

Cogió el lápiz y empezó a golpear la mesa con la goma de borrar. —¿Me estás diciendo que no tienes ni idea de por qué estás en un hogar de acogida? ¿Eso quieres decir?— preguntó mientras tomaba más notas.

Cerré los ojos e intenté buscar una respuesta. No se me ocurría nada inteligente, así que me acerqué a su mesa. —¿Qué escribe?

El doctor cubrió las notas con el brazo. Se veía que le había enfadado. Me volví a sentar con la espalda pegada al respaldo de la silla. Me miró fijamente. —Quizás debería explicarte las reglas. Las preguntas las hago yo. Yo soy el psiquiatra y tú— me dijo señalándome con el lápiz —eres el paciente. ¿Estamos?—. Asintió como para indicarme que debía estar de acuerdo y sonrió cuando yo también asentí. —Bueno— dijo con voz más amable —háblame de tu madre.

Mientras pensaba, la boca se me abrió de par en par. Me sentía frustrado. Quizás yo no era tan inteligente, pero no me merecía que me trataran como si fuera idiota. El doctor estudiaba todas y cada una de mis expresiones y tomaba notas. —Bueno— empecé, con voz temblorosa —mi madre... no creo que... era...

Me hizo callar con un gesto. —¡No! ¡Yo soy el que analiza las cosas aquí, tú limítate a responder mis preguntas! A ver, ¿por qué te maltrataba tu madre?

Dejé escapar un largo suspiro. Miré detrás de la mesa. Intentaba imaginar qué habría detrás de las persianas. Oía el ruido de los automóviles que pasaban por detrás del edificio. Me imaginaba a Rudy sentado en el auto, escuchando una emisora de canciones nostálgicas...

—¿Joven? ¡Daniel! ¿Sigues aquí conmigo?— me preguntó el médico.

Apoyé la espalda en el respaldo, muerto de vergüenza porque el médico me había pillado distraído. Me avergonzaba de haberme comportado como un niño.

—Te he preguntado algo: ¿por qué crees que tu madre te maltrataba?

Sin pensarlo, le solté: —¿Y yo qué sé? Usted es el médico. Dígamelo. No le entiendo... sus preguntas... y cada vez que intento responderle, usted me corta. ¿Por qué tengo que contarle nada si ni siquiera sabe mi nombre?

Me detuve para recobrar el aliento y en ese momento se escuchó un timbre. El doctor apretó un botón, cogió el teléfono, asintió y colgó. Sacudió la mano frente a mí mientras anotaba algo y me dijo: —¿Recordarás lo que me acabas de decir? Hoy ya no tenemos más tiempo, pero... a ver... te haré una cita para la semana que viene. ¿Qué te parece? Creo que hemos empezado muy bien, ¿no, Daniel? Te veo la semana que viene. Hasta luego— me dijo, con la cabeza inclinada sobre la mesa.

Le miré completamente anonadado. Estaba tan confundido que no sabía cómo reaccionar. *¿Así es como son las sesiones con los psiquiatras?,* pensé. Había algo que no funcionaba y sentía que ese algo era yo. Estuve sentado un segundo, después me bajé de la silla y fui hacia la puerta. Mientras la abría el médico murmuró un buenos días. Me volteé y sonreí. —Gracias, igualmente— le dije en tono jovial.

—Bueno— dijo la señora Catanze—¿cómo te ha ido?

—No lo sé. Tengo la impresión de que no lo he hecho muy bien. Me parece que cree que soy bobo— dije, mientras Lilian me acompañaba al auto. —Quiere verme la semana que viene.

—Bueno, entonces es que le has causado buena impresión. Cálmate, te preocupas demasiado. Venga, vámonos a casa.

Me subí al asiento trasero del auto de Rudy. Tras un par de semáforos, dejé de prestar atención al tráfico. Estaba peor que antes. Quería contarle a Lilian cómo me sentía, pero sabía que, si lo hacía, no encontraría las palabras adecuadas y quedaría como un perfecto idiota delante de Rudy y de ella.

Lilian me sacó de mi ensimismamiento: —¿Cómo te sientes?

Crucé los brazos frente al pecho. —Confundido— anuncié en tono firme.

—Bueno— dijo, mientras intentaba hallar las palabras adecuadas para hacerme sentir mejor —estas cosas toman su tiempo.

La siguiente sesión fue igual de rara.

—Hoy empezaremos... quiero que me digas, Daniel, ¿cómo te sentías cuando tu madre te maltrataba? Tengo entendido que una vez... —. El doctor buscó entre unos papeles que supuse que hablaban de mí. Balbució algo hasta que cerró la carpeta. —Sí— dijo. —Tenías ocho años cuando tu madre— se puso las gafas y siguió leyendo el informe —te puso el brazo... el brazo derecho— movió la cabeza y me miró —encima de una hornilla de gas. ¿Es cierto?

Me explotó una bomba en el estómago. Mis manos se crisparon. Todo mi cuerpo, de pronto, parecía de goma.

Le miré a la cara mientras guardaba aquel papel en la carpeta como si nada, un papel que describía las partes más horribles de mi vida. *En ese papel está mi vida, mi vida es lo que tiene el doctor entre las manos, ¡y todavía no sabe como me llamo! ¡Dios mío!*, pensé, *¡esto es cosa de locos!*

—Daniel, ¿por qué crees que tu madre te quemó aquel día? Recuerdas el incidente, ¿no es así... Daniel?—. Paró un minuto.

Me sobé el antebrazo derecho mientras revivía el pasado.

—Dime— añadió —¿qué sientes hacia tu madre?

—David— dije con voz glacial. —Me llamo David— grité. —¡Creo que ella está enferma, igual que usted!

Ni siquiera movió una ceja. —Odias a tu madre, ¿no? Es muy comprensible. Exprésate. Vamos, cuéntame. Tenemos que empezar con algo para poder arreglar estas cosas, estos problemas, y poder...

Dejé de escucharle. Me ardía el brazo derecho. Me lo rasqué antes de mirármelo. Cuando lo hice, estaba envuelto en llamas. Casi me caigo de la silla mientras lo sacudía para intentar apagar las llamas. Cerré el puño para soportar mejor el dolor. *¡No!*, me dije, *¡no puede ser! ¡Socorro! ¡Ayúdenme!* Intenté gritarle al psiquiatra, abrí la boca, pero no me salió ni una palabra. Se me llenó la cara de lágrimas mientras llamas azules y naranjas me cubrían el brazo.

—¡Eso es!— chilló el doctor. —¡Bien! ¡Suéltalo todo! Muy bien, Daniel. A ver, Daniel, dime. ¿cómo te sientes ahora? ¿Estás... enfadado? ¿Te sientes agresivo? ¿Quieres descargar tu agresividad sobre algo o sobre alguien?

Me miré el brazo. El fuego se había apagado. Por mucho que lo intentara, no podía dejar de temblar. Me cogí el brazo y me soplé, para sentirme mejor. Me levanté con el brazo encogido, me sequé las lágrimas lo mejor que pude y abrí la puerta para irme.

El doctor se levantó de la silla. —Muy bien, puedes marcharte antes de tiempo. Hoy hemos progresado. No dejes que esto te afecte. Te daré una cita para la próxima...

Tiré la puerta lo más fuerte que pude.

En la recepción, la señora mayor pegó un brinco en la silla. Me paré un minuto junto a su mesa. Parecía a punto de regañarme, hasta que me vio la cara. Dejó de hablar y se volteó para coger el teléfono. El siguiente paciente también se dio vuelta mientras yo salía de la consulta.

Sin querer, cerré la puerta del auto de Lilian de un golpe. El libro que ella leía salió volando. —¡David! ¿Qué... ? Saliste antes de tiempo, ¿Ha pasado algo?

Apreté los puños. —¡No! ¡No! ¡No!— chillé. —Ese hombre— dije, señalando al edificio que había al otro lado de la calle —está enfermo. Me preguntó cosas muy raras. Me preguntó cómo me sentí cuando...

—Bueno, David— dijo ella con voz seria —ése es su trabajo. Es el médico, seguro que sólo intenta ayudarte.

—¡No!— exclamé, mientras sacudía la cabeza. —No pregunta cosas como hacen usted o la señora Gold, sino cosas raras. Cosas como, *"¿qué se siente cuando te queman el brazo en una hornilla?"* O asegura que *"es normal que odies a tu madre"*, dije, imitando la voz del médico. —No sé qué hacer cuando estoy con él. Es un tipo raro.

El enfermo es él y no yo. El es el que necesita ayuda.

—¿Por eso estabas tan enfadado la semana pasada? ¿Te trató así la última vez?— preguntó Lilian.

Asentí. —No sé qué pensar. Me siento como un idiota ahí dentro. Entiendo lo que pasó con mi madre y sé que estaba equivocado y procuro olvidarlo. Mi madre está enferma, quizás sea el alcohol, pero hay algo que debo saber: ¿ también yo estoy enfermo? ¿Acabaré como ella? Tengo que saberlo. Necesito saber por qué han ido así las cosas. Éramos la familia perfecta. ¿Qué pasó?

Cuando me calmé, me recosté en el asiento del copiloto. Lilian se me acercó: —¿Te sientes mejor?

—Sí— respondí— Arrancó el auto. De pronto sentí ganas de dormir. Coloqué el codo en la ventanilla. Antes de dormirme, le dije: —Señora Catanze, no quiero volver ahí dentro, nunca —y me hundí en el sueño.

Me quedé encerrado en mi habitación varios días, hasta que Big Larry me preguntó si quería ir a verle jugar bolos y acepté con gusto. Una vez más mi hermano mayor de acogida y yo nos fuimos de aventura. Descubrí a donde nos dirigíamos cuando nos acercamos a Daly City en

las bicicletas. Pasamos junto a la callecita que lleva al estacionamiento de la Escuela Primaria Thomas Edison. Aminoré la velocidad para observar a los niños que jugaban en los columpios. Me paré en una esquina y aspiré el olor de los árboles. Me vi jugando en el mismo patio durante el recreo, aunque parecía que hubieran pasado siglos.

La niebla cubrió la escuela. Perdí de vista a los niños, engullidos en una nube gris, y al cabo de unos minutos sólo sus risas indicaban que seguían allí.

Intenté olvidar el pasado mientras pedaleaba colina arriba, lejos de mi vieja escuela. Unos diez minutos más tarde, Larry y yo paramos en el supermercado Sky Line, la misma tienda en la que yo robaba comida cuando salía corriendo de la escuela a la hora de comer. Me quedé pegado a Larry. Temía que alguien me reconociera. —¿Estás bien?— dijo Larry mientras avanzábamos por los pasillos del supermercado.

—Sí— dije en voz baja. Miraba a todas partes. Caminaba despacio y agarré a Larry por el cinturón para pedirle que andara más despacio. Estábamos en territorio de mi madre.

—Oye, chico, ¿qué te pasa?— preguntó al fin.

—Calla. Yo vivía por aquí— susurré.

—¿En serio? ¡Qué bárbaro!— dijo Larry, mientras se comía una tartaleta de fruta al salir de la tienda. —¿Por eso te comportabas así cuando pasamos por la escuela?

—Supongo— respondí.

Una vez que terminó de tragarse dos pasteles de nata, algunas barritas de chocolate y un par de refrescos, fuimos a la bolera. Pedalear Eastgate Avenue arriba me dejó exhausto. Bajé de la bicicleta y miré a la calle mientras caminaba. —¡Para!— solté de pronto.

Larry jadeaba como un perro. —¿Qué pasa?

—Hazme un favor— dije. —Descansemos un poco y bajemos por esta calle.

Dejó escapar un suspiro. —Vale, de acuerdo. ¿Y por qué?

—¿Prometes no contárselo a nadie?

—Claro, ¿pero qué pasa?

—No se lo digas a nadie, pero... yo vivía en esta calle.

Larry miró hacia la señal de la esquina. —¡Qué bárbaro! ¿En qué casa?

—Aquella de color verde oscuro, a la izquierda, a media manzana— dije, mientras señalaba calle abajo.

—Oye, no sé si deberíamos— dijo, sacudiendo

la cabeza. —A mamá no le gustaría. Es decir, que no es una buena idea. ¿Y si tu madre o tus hermanos están en el portal?

Estacioné la bicicleta detrás de unos arbustos y me escondí para observar la calle. Larry avanzaba como podía detrás de mí. Se me aceleró el corazón. Sabía que hacía algo prohibido y peligroso. —Si decides aceptar esta misión... —susurró Larry, como si formáramos parte del equipo de *Misión imposible*.

—Vamos, no hay moros en la costa— dije, mientras le hacía una seña a Larry.

Larry sacudió la cabeza. —No sé si deberíamos.

—Vamos— le rogué. —Es la primera vez que te pido un favor. La señora Catanze no tiene por qué enterarse. Mira, haré tus tareas en la casa una semana, ¿está bien? ¿Qué me dices?

—Está bien, muchacho, al fin y al cabo eres tú quien se la juega.

Me subí a la bicicleta y bajé la cuesta despacio, frenando. Parecía que no había nadie fuera. La puerta del garaje estaba cerrada. Mientras nos íbamos acercando a la casa de mi madre, solté un grito de alegría. *¡Qué bárbaro!,* pensé. De repente, aparecieron dos cabezas en la ventana del cuarto de mis hermanos. —¡Mierda!—

exclamé.

—¿Qué pasa?— preguntó Larry.

—¡Corre!— repliqué.

—¿Qué?

—¡Que corras!

—Pero, ¿qué pasa?

—¡Después te digo!— chillé. —¡Vamos! ¡Dale! ¡Dale! ¡Dale!

Me agarré fuerte del manubrio y empecé a pedalear con tanta fuerza que pensaba que se iba a salir la cadena de la bicicleta. No paré hasta que llegué al final de la calle. Parecía que se me iba a salir el corazón por la boca. Esperaba que en cualquier momento se abriera la puerta del garaje y aparecieran el auto de madre o las bicicletas de mis hermanos y se pusieran a perseguirme. Ya había pensado en varias rutas para escapar.

—¿Lo has visto?— le pregunté.

—¿Qué cosa? Chico, ¿qué te pasa?— preguntó Larry.

—¡La ventana!— dije, con la respiración entrecortada mientras señalaba a la casa. —Mis hermanos... ¡me han visto!—. Me quedé mirando la casa, atento a cada ruido, cada movimiento.

No pasó nada.

—Chico— dijo Larry —has visto demasiadas

películas de James Bond. Yo no vi nada. Te lo has imaginado todo. Ven, vámonos. Y recuerda— me dijo mientras pedaleaba— un trato es un trato.

—¡Mientras no se entere la señora Catanze!— respondí, al tiempo que intentaba alcanzarle.

Unas horas más tarde sentí escalofríos mientras volvíamos a casa de Lilian. —¿Qué pasa?— susurré. Larry me miró como diciendo que no tenía ni idea.

—Oye— dijo —me voy a mi cuarto. Comeré algo y veré cómo están las cosas por ti, ¿está bien?

Acepté gustoso mientras le miraba subir las escaleras. De repente, apareció la señora Catanze. Mi primera reacción fue esconderme. —¡Larry!— gritó. —¡Ven aquí ahora mismo! Y tú— me señaló con el dedo —¡te he visto! Vete a tu cuarto y espérame allí. ¡Arriba! ¡Vamos, los dos!

Me quedé muy sorprendido. Sonreí lo más que pude mientras me señalaba el pecho: —¿Yo?— pregunté. Me devolvió la sonrisa, con las manos en las caderas. En ese momento me di cuenta de que había algún problema serio. La esperé en mi cuarto mientras me preguntaba qué había hecho. Hacía días que no robaba caramelos y Larry júnior y yo procurábamos evitarnos el uno al otro. No tenía ni idea de qué habría ocurrido.

No tuve que estirar mucho la oreja para enterarme de lo que ocurría.

—...se supone que tú eres el responsable cuando David está contigo. El es casi un niño, ya has visto como se comporta.

—Vamos, mamá. Tiene doce años y se puede cuidar solo. Además, no hicimos nada malo— contestó Larry. Yo seguía sin saber qué era lo que habíamos hecho mal.

—¿No? ¿Entonces por qué me he pasado la tarde al teléfono hablando con la madre de David?

Oh, oh, pensé mientras tragaba saliva. Oí el portazo de un auto. Corrí a la ventana y vi a Rudy que me saludaba. Después me volví a la cama, a esperar mi turno.

—¡David Pelzer, ven aquí ahora mismo!— chilló Lilian.

Me levanté y corrí a la cocina. Me picaba la curiosidad. Aunque me había metido en problemas, la señora Catanze no iba a pegarme, así que me intrigaba saber qué era lo que Lilian pensaba hacer. Era la primera vez que estaba en lo que Big Larry llamaba la "perrera".

—A ver— empezó Lilian, con las manos pegadas a las caderas —dime que no has convencido a este paramecio con patas para que te llevara a casa de tu madre.

Tragué saliva y volví a probar mi vieja estratagema: le dediqué a la señora Catanze la mejor de mis sonrisas. —Param... ¿qué?

—¡Es un bicho sin cerebro! ¡Y en eso te vas a convertir si no me das una respuesta ahora mismo!— soltó Lilian.

—¿Se puede saber qué es lo que está pasando?— gritó Rudy al entrar en la cocina.

—¡Quietos los dos! ¡No se muevan!— nos dijo Lilian, mientras se volteaba hacia su marido.

Sin que me vieran, me tape la boca con la mano y me reí. Su comentario sobre Larry me parecía muy divertido. Me lo imaginaba como un insecto con alas y ojos saltones, volando por ahí en busca de algo que comer. Nunca había visto a Lilian tan enfadada. Sabía que tenía que esperar a que amainara el temporal. *Total, no ha pasado nada,* me dije.

Big Larry, sin embargo, parecía como un pasajero de un barco a punto de vomitar después de un temporal.

Lilian se acercó a Rudy, que no dejaba de mirarnos. —Estos dos bobos se han dedicado a pasearse frente a la casa de la madre de David.

—¡Por el amor de Dios!— exclamó Rudy.

Parado frente a todos ellos, no acababa de entender las consecuencias de mis actos. *¿Por qué tanto lío?,* me pregunté de nuevo.

—Lo siento— dije. —Fue culpa mía. Yo le pedí a Larry que me acompañara. Lo único que hicimos fue pasear en bicicleta por la calle. ¿Qué tiene eso de malo?— pregunté inocentemente.

—Para empezar, tu madre se ha pasado toda la tarde al teléfono quejándose de ti— dijo Lilian, mientras me señalaba con el dedo, —diciendo que te dedicas a aterrorizar el vecindario.

—¡No!— sacudí la cabeza. —¡Eso es mentira! Sólo hemos pasado en bicicleta. No hemos hecho nada, lo juro— dije, intentando mantener la calma.

—David— dijo Lilian mientras respiraba hondo —¿no lo entiendes? *No puedes* acercarte a su casa, ni a ella ni a sus hijos.

Levanté los brazos. —¡Un momento! Qué significa eso de que *no puedo* acercarme a ella?— grité para atraer su atención. Pero no podía pararla, no dejaba de hablar.

—Y eso no es todo. Tu madre, tan santa ella, me ha dicho que si no soy capaz de *ocuparme del niño,* ella encontrará a alguien que lo haga por mí.

Mi mente se esforzaba por entender lo que

quería decir con aquellas palabras.

Lilian se inclinó hacia mí. —¡No lo vuelvas a hacer nunca más! ¡Estás castigado!

—¿Castigado?

—Sí, castigado en tu cuarto hasta... hasta que yo lo diga— terminó Lilian, antes de que pudiera preguntarle lo que quería decir.

Larry me miraba sin acabar de creer lo que veía: —Te dije que no era buena idea.

—¿Eso es todo?— pregunté. Sabía que Lilian estaba enfadada, pero esperaba... no sé lo que esperaba. *Bueno, no ha ido tan mal,* me dije.

Mientras Big Larry se secaba el sudor de la frente, Lilian se volvió a meter en la cocina.

—Ya puedes dejar de sonreírte, Niño Maravilla— me dijo, mientras me miraba severa. —Y se me olvidaba. Tu padre vendrá mañana a las siete de la mañana, así que tendrás que levantarte temprano. Podrás hacerlo, ¿no?— me dijo, sarcástica.

—Sí, señora, seguro— respondí, obediente.

—¡Y tú!— le chilló a Larry. —¡Vete a tu cuarto!

Larry encogió los hombros. —¡Pero mamá! ¿Por qué?

—¡Vamos, muévete!— le respondió ella.

Cuando Larry salió de la cocina, Lilian se secó

los ojos. —Ven y siéntate. Escúchame atentamente. Tu madre... —se detuvo un segundo para aclararse la voz. —David, hace siglos que cuido niños... y nunca en la vida había conocido a alguien tan frío como tu madre.

—¡Y me lo dice a mí!— interrumpí.

—David, no es momento para bromas. Tienes que entender una cosa: eres un niño acogido. *Un niño acogido,* y sólo por eso ya tienes dos grandes desventajas. Tienes que tener cuidado con lo que dices y con lo que haces. Si te metes en líos, podríamos, bueno, podríamos perderte.

Por el tono de su voz, comprendí la gravedad de lo que estaba diciendo, pero era incapaz de entender el mensaje.

Lilian movió la cabeza y siguió hablando. —David, si te metes en líos, podrías acabar en un centro... un centro de menores. Allí es donde envían a los chicos acogidos que tienen problemas y no creo que te vaya a gustar. No sé lo que pretende tu madre, pero, jovencito, más vale que aprendas a comportarte un poco mejor. Si no, te castigaré en tu cuarto, un año entero si hace falta—. Lilian me dio un golpecito en las piernas y luego se marchó de la cocina.

Sabía que usaba a mi madre para asustarme.

También sabía que ella no podía hacerme nada, ahora que estaba en un hogar de acogida. ¿O acaso sí podía?

—Eh, señora Catanze— grité —¿qué significa exactamente "castigado en tu cuarto"?

—No te preocupes, pronto lo sabrás— sonrió Lilian, mientras se alejaba por el pasillo hacia su cuarto. —Podrás soportarlo.

Aquella tarde pensé largo y tendido sobre lo que Lilian me había dicho. Cuando Rudy y Lilian salieron a cenar, tuve un impulso irresistible de llamar a mi madre. Era extraño, quería hablar con ella, oírle la voz. Cogí el teléfono varias veces, pero no me atreví a marcar el número.

Me sequé las lágrimas cuando Connie entró en la cocina. —¿Qué pasa?

No pude contenerme y le conté lo que pensaba hacer. Sin decir palabra, Connie cogió el teléfono y marcó el número de mi madre. Casi me ahogo cuando unos segundos más tarde oí la voz de una grabación que decía que el número de mi madre ya "no estaba en servicio". Connie insistió y llamó a la operadora, que le confirmó que el número había sido dado de baja.

Me quedé frente a Connie sin saber qué hacer o qué decir. No sabía qué sentir. Intuía que el cambio del número de teléfono era otro de los "juegos" de mi madre: yo no tenía el privilegio de saber su número.

Cuando el novio de Connie vino a buscarla, me senté a mirar la televisión. Era la primera vez que me quedaba solo en casa. Conté las horas que faltaban para que mi padre viniera a buscarme a la mañana siguiente y me fui quedando dormido mientras miraba como bailaban los puntitos blancos y negros en la pantalla.

A la mañana siguiente me levanté a rastras de la cama, me froté los ojos para desperezarme y me acerqué a la ventana de mi cuarto. Me volteé. No recordaba cómo había llegado hasta la cama la noche anterior. Me lave la cara, dos veces, me puse la mejor ropa que tenía y corrí a la ventana del salón, a esperar a mi padre.

Al cabo de un rato, empezaron a dolerme los hombros, pero me quedé rígido mientras el reloj de la sala daba las siete. A las siete y media oí el ruido inconfundible del Volkswagen escarabajo de mi padre. Me permití sonreír antes de retocarme el pelo. Calle arriba subía a trompicones un viejo Volkswagen marrón, pero el auto siguió su camino. *Bueno, quizás no tenga bien apuntada la dirección,* me dije. *Volverá en un momento.*

A las ocho menos cinco oí otro escarabajo que pasaba frente a la casa.

Entonces pensé que no había entendido bien, que mi padre me recogería a las ocho y no a las siete, que me había vuelto a equivocar. *¡Serás bobo!*, pensé.

Pasaron las ocho y un montón de autos frente a la casa. Cada automóvil que pasaba me hacía creer que el próximo sería el que me traería a mi padre.

Sobre las nueve apareció Lilian en la cocina, bostezando. —David, ¿todavía estás aquí? —. Asentí. —A ver, déjame mirar la agenda. Estoy segura que tu padre dijo a las siete en punto. Lo apunté y todo, por Dios.

—Ya lo sé, señora Catanze— dije, procurando disimular mis sentimientos. —Llegará en cualquier mo... —. Corrí a la ventana al oir otro Volkswagen que subía por la calle. —¿Lo ve? ¡Ya está aquí!— chillé mientras señalaba hacia la ventana. La cogí de la mano, quería enseñarle a Lilian como mi padre estacionaba frente a la casa —¡Sí!— grité.

El auto redujo la velocidad, pero sólo para cambiar de marcha y seguir su camino. Solté la mano de Lilian. Ella me miró, buscando algo que decir para hacerme sentir mejor.

Se me encogió el estómago. Tenía la boca seca.

—¡No diga nada!— chillé. —¡El va a venir! ¡Ya lo verá! ¡Llegará en cualquier momento! ¡Ya lo verá! ¡Mi padre me quiere! Y un día viviremos juntos... y seremos felices para siempre. *Ella* no me quiere, pero mi padre sí. *Ella* es la que necesita un psiquiatra, *ella* es la que está enferma...

Me costaba respirar mientras hablaba. Alguien me agarró del hombro. Cerré el puño, me volteé y golpeé lo más fuerte que pude. Mientras miraba a mi agresor, intenté parar, pero no pude. Le di un golpe a Rudy en el antebrazo.

Levanté la vista, con los ojos llenos de lágrimas. Rudy nunca me había visto actuar así. Enseguida quise disculparme, pero no pude. Estaba harto de pedir perdón por todo, por no entender las cosas que me decían, por sentirme humillado frente a Larry júnior o el psiquiatra, por bajar la calle en bicicleta o por intentar oír la voz de mi madre. ¡Y había querido convencerme de que era yo el que se había equivocado de hora respecto a la visita de mi padre!

Desde el principio supe que no vendría; que estaría tirado en algún bar. Nunca se presentó cuando prometía que lo haría, pero siempre me decía a mí mismo que esta vez sería diferente, que mi padre vendría y que nos lo pasaríamos en grande juntos.

Era incapaz de aceptar la realidad de mi vida. *¿Cómo es posible que haya acabado así?*, me pregunté. Mientras miraba por la ventana del salón, sabía que me iba a pasar otro día escondido bajo la colcha de la cama, el único lugar en el que me sentía seguro.

Miré a Rudy y a Lilian. Quería pedirles perdón, decirles lo mal que me sentía dentro de mí. Abrí la boca, pero antes de poder decir una palabra me volteé y salí corriendo. Mientras iba hacia mi cuarto, oí como Rudy le decía a Lilian: —Me parece que tenemos un problema muy serio.

CAPITULO

6

El chico desafiante

Unas semanas antes de empezar el sexto grado, empecé a poner mis sentimientos bajo control. Cuando empezaron las clases, ya no sentía nada. Estaba harto de los efectos que me causaba mi nueva vida. Por un lado, me encantaba poder jugar al aire libre, bajo el sol, pero, por el otro, tenía miedo de que otros niños se metieran conmigo o de tener que esperar como un perrito faldero a que mi padre se dignara visitarme. Era consciente de que un frío cambio estaba occuriendo en mi interior, pero no me importaba. Me dije que, para sobrevivir, tenía que crearme una coraza tan dura que no permitiera que nadie me volviera a hacer daño nunca más.

Había ocasiones en que, en lugar de ir en bici al parque, me dirigía a la tienda de víveres y me llenaba los bolsillos de caramelos que me robaba. Ni siquiera quería los caramelos; sabía que nunca sería capaz de comérmelos todos. Los robaba sólo por ver si era capaz de hacerlo. Me fascinaba planear mis movimientos y era una sensación alucinante salir de la tienda sin que me pillaran. A veces robaba dos o tres veces al día en la misma tienda. Lo que no guardaba en casa de la señora Catanze se lo daba a los niños del parque o lo dejaba en un montoncito a la puerta de la tienda.

Cuando me aburrí de robar caramelos, subí el listón y me dediqué a robar cosas más grandes: juguetes. Era tan arrogante que, en ocasiones, entraba en una tienda, cogía algún juguete bien grande y salía por la puerta, todo en menos de un minuto. Algunos muchachos del vecindario, que habían oído hablar de mis aventuras con los caramelos, me seguían y se quedaban a mirar cómo robaba. Me gustaba ser el centro de atención. Llegó un punto en que los muchachos me retaban para que robara cosas por ellos. A mí sólo me importaba que me aceptaran; era como los días en que jugaba con los niños acogidos más pequeños en casa de la tía Mary. Me gustaba cuando me llamaban por mi nombre o me saludaban al pasar por el parque. Ahora volvía a recibir el mismo tipo de atenciones.

Cuando decidía robar algo voluminoso, me concentraba en extremo. Antes de llevar a cabo ningún movimiento, me imaginaba cada pasillo y la distribución de las estanterías de juguetes. Planeaba varias rutas de escape. En caso de que me pillaran, el plan número uno consistía en mentir descaradamente, mientras que el plan número dos era salir corriendo.

Una vez, mientras un grupo de chiquillos me esperaban a la salida, me convertí de nuevo en un *cyborg,* mitad hombre, mitad máquina. Johnny Jones quería un avión B-17 modelo Flying Fortress. Acepté el reto, inspiré profundamente y abrí la puerta de cristal. Oía los gritos de ánimo de los chicos, pero los dejé atrás mientras se cerraba la puerta. Sabía que Johnny estaba en la tienda, espiándome. Quería verme actuar en persona. No me importaba. Yo tenía un objetivo que cumplir.

Para que los cajeros no me vieran, caminé por la primera fila y me dirigí a la parte trasera de la tienda. Giré a la derecha y aminoré el paso. Mis orejas se habían convertido en radares, para distinguir entre los ruidos de los clientes y los de los dependientes. Volví a aminorar el paso antes de girar de nuevo a la derecha y darme la vuelta para ver si alguien me seguía. Nadie. El corazón me latía cada vez más rápido conforme me acercaba al objetivo, en el estante superior de la fila cuatro. Sabía que era un reto y por una milésima de segundo sentí que algo iba mal. Quise abortar la operación. *Negativo,* me dije. Mientras estiraba los brazos oí, y luego sentí a alguien que se acercaba. Me olvidé de eso y estiré las piernas para llegar un poco más arriba. Un minuto más tarde bajé el premio de la estantería. No mostré emoción alguna cuando pasé junto a Johnny, que sonreía de oreja a oreja.

Me temblaba el pulso. *Ahora viene lo peor.* La puerta hacia la gloria estaba frente a mí. Me volteé disimuladamente y escuché por si alguien me seguía o me gritaba que parara. El momento más delicado había llegado. Estaba muy tenso cuando me acerqué a abrir la puerta, lo justo para poder salir corriendo y para que, en caso de que alguien me hubiera seguido, esa persona tuviera que perder tiempo abriendo la puerta del todo, lo que me permitiría escapar. Sonreí, creyendo que lo tenía todo previsto.

Tras la puerta de vidrio, podía escuchar a los

chicos aplaudiéndome y vitoreándome. Johnny ya estaba fuera, con los ojos como platos. Perdí la concentración un segundo, sólo un segundo, pensando en lo que significaba esta hazaña para que me aceptaran dentro del grupo. Esos mismos chicos se habían reído de mí y me habían hecho bromas en el parque. Siempre supe que se burlaban de mí, pero les seguía el juego de todas formas. Aquella atención era mejor que nada.

Levanté la cabeza y sonreí al salir de la tienda. Los chicos se reían y comenzaban a llamar la atención. Me pareció oír el ruido de la puerta que se abría detrás de mí. Comencé a alzar la mano derecha para lanzarle el juguete a Johnny, cuando todos estallaron en una risotada. Johnny se reía tan fuerte que se le salían las lágrimas. Abandoné mi concentración y también me reí. —David— me dijo Johnny —quiero... ¡Coño, esto es demasiado!— dijo entre risotadas. —Te presento a mi padre—. Me quedé helado. Me dí vuelta y vi a un hombre vestido con el uniforme de la tienda y una placa en el pecho que decía "Sr. Jones. Encargado".

El señor Jones me quitó el juguete de las manos y me agarró de la camisa. Me hizo avanzar mientras abría la puerta de la tienda. Mientras se cerraba la puerta de vidrio, me volteé; los muchachos se acercaron en sus bicicletas para gritar: —¡Te pillaron!— con toda la potencia de sus pulmones.

—Hace un tiempo que te tenemos vigilado. Mi hijo me ha hablado de ti, David.

Cerré los ojos, pensando en lo estúpido que había sido. No me arrepentía del robo, sabía que estaba mal y lo había aceptado. Incluso era consciente de que algún día me pillarían, pero, ¡caer en la trampa del padre de ese muchacho! Sabía que Johnny robaba caramelos en la tienda de al lado. *Tendría que habérmelo imaginado,* pensé, *sabía que no podían ser mis amigos así porque sí.*

Una hora más tarde volví a casa de Lilian. Abrí la puerta y la oí levantarse corriendo del sofá. Mientras me arrastraba escaleras arriba, ella se puso las manos en las caderas. Tenía la cara roja como un tomate.

Me senté en una silla de la cocina antes de que empezara el interrogatorio y las recriminaciones sobre mi conducta hasta la fecha. Simplemente la miraba y asentía cuando creía que esperaba una respuesta mía. Intenté convencerla de que lo sentía de verdad, pero mientras lo decía, las palabras parecían demasiado fáciles. No era sincero.

Después me fui a mi cuarto y me tumbé en la cama, con la mirada clavada en el techo. Me había castigado sin salir una semana entera. *Gran cosa,* me dije.

Un poco más tarde, cuando Rudy llegó, me tocó pararme frente a él. Dejé escapar un suspiro silencioso. *Segundo round,* me dije.

—No sé qué es lo que te pasa— Rudy comenzó a regañarme— pero te voy a decir una cosa. ¡No pienso tolerar a un ladrón! Hasta ahora he sido muy comprensivo y Lilian también. Sé que has pasado momentos muy difíciles, pero no pienso consentir este comportamiento ni un minuto más: tu vocabulario, las peleas, los gritos, las cartas de tu madre, los portazos en mi casa. ¿Sabes lo que cuesta una puerta? ¿Lo sabes?

Negué con la cabeza.

—Más de lo que ganarás tú nunca. Trabajo mucho y los quiero a todos, pero no tengo por qué aguantar tus malacrianzas. ¿Me oyes?— gritó Rudy.

Asentí de nuevo, aunque sabía que Rudy era consciente de que todo lo que me decía me importaba un bledo.

—¿Eres tú el que me ha estado robando los cigarrillos?

Levanté la cabeza. —¡No, señor!

—¿Y esperas que te crea?— me respondió. —Si vuelves a causar más problemas, te enviaré a Hillcrest.

Se me iluminó la cara. —¿Hillcrest?

—Vaya, ¡ahora sí me escuchas! Pregunta a los demás— me dijo mientras señalaba alrededor. —Pregúntale a Larry júnior. Le he llevado un par de veces allí, ¿no, Larry?

Larry júnior, que se había estado riendo a su espalda, se puso serio, con cara asustada. —Sí, papá— dijo con voz temblorosa, mientras bajaba la cabeza.

—No quisiera hacerlo, eres un poco joven para eso, pero si hace falta te llevaré yo mismo aunque sea a rastras. Si hay algo que no pienso consentir son los robos y las mentiras— soltó Rudy mientras Lilian se acercaba a él. —Lilian podrá llorar todo lo que quiera, pero así es como son las cosas en esta casa. ¿Está claro, jovencito?

Asentí.

—¿Eres tan orgulloso que no puedes contestar sí o no?— me soltó.

—¡Sí, señor!— repliqué en tono desafiante. —Lo he entendido todo.

—Pues vete a tu cuarto. Estás castigado sin salir.

Me senté en mi habitación e intenté calmarme. *Vaya,* me dije, *castigado sin salir, gran cosa. No* estaba enfadado con Rudy o Lilian por haberme gritado o porque Johny y los otros chicos me hubieran engañado. Estaba enfadado conmigo mismo por haber bajado la guardia. *¡David!,* me dije, *¿cómo puedes haber sido tan estúpido?* Salté de la cama y me puse a dar vueltas por el cuarto, cada vez más irritado por lo que ocurría en mi vida.

Aquel sábado hice las tareas de la casa sin demasiadas ganas. Pasé la aspiradora y apenas sacudí el polvo de los muebles. Cuando terminé, Rudy y Lilian se fueron de compras. Una vez solo, me senté en el sofá de Rudy a mirar la televisión y me dediqué a cambiar de canales. Me aburrí cuando me di cuenta de que los dibujos animados de la mañana ya habían pasado.

Me levanté y me acerqué a la ventana del salón, para mirar hacia la calle. Pensé que quizás mi padre vendría a visitarme al día siguiente. Al cabo de unos segundos me reí, porque me di cuenta de que eso era imposible. De pronto, me llamó la atención la silueta de un chico que pasaba en bicicleta por la calle a toda velocidad.

Sin pensarlo dos veces, corrí a mi cuarto, vacié

la alcancía y agarré la chaqueta antes de bajar las escaleras de dos en dos. Agarré la bicicleta y tiré la puerta lo más fuerte que pude. Había decidido escaparme.

Sentí una borrachera de alegría cuando el viento me golpeó en la cara, mientras pedaleaba en dirección a Daly City y al cine Serramonte 6. Cuando llegué, estacioné la bici y me disfruté tres veces seguidas una película de James Bond antes de colarme en otra sala. Al final, el acomodador me echó porque iban a cerrar. Sólo entonces me di cuenta de las consecuencias de lo que había hecho. Mientras le quitaba el seguro a la bici, me entró frío. Tenía hambre y me metí la mano en el bolsillo para contar el dinero que me quedaba: dos dólares y treinta centavos. Me lo guardé e intenté olvidarme del estómago, concentrarme en buscar un lugar donde refugiarme. Para mantenerme caliente, no dejaba de pedalear. Después de varias vueltas por las casas del vecindario, me di cuenta de que eran más de las once y media.

Un poco más tarde me dirigí a mi antigua escuela. Pasé junto al patio y escuché el sonido de los columpios movidos por el viento. Después, subí la colina de Eastgate Avenue empujando la bicicleta. Cuando llegué a Crestline Avenue, como había hecho unas semanas antes, me escondí tras unos arbustos y miré calle abajo, entre la niebla.

Me moría de ganas de pedalear calle abajo. Me paré justo antes de la casa de mi madre. Se veía brillar una luz amarilla a través de las cortinas de la ventana del dormitorio. Me preguntaba si mi madre pensaría alguna vez en mí, como yo pensaba en ella. Quería saber qué hacían mis hermanos en casa de ella. Se levantó una brisa que me agitó el pelo y me subí el cuello de la camisa. Me di cuenta de que la casa que estaba mirando no era la misma que había acogido a montones de niños cuando mi madre era miembro de los Boy Scouts ni la que, durante años, fue la casa más popular de la manzana por sus decoraciones navideñas. Cuando mi madre apagó la luz de su cuarto, recé una oración y me dirigí de vuelta al cine. Aquella noche me dormí encogido, muerto de frío, bajo un aparato de aire acondicionado.

Al día siguiente, me pasé todo el día en el cine y me dormí viendo *Operación dragón* de Bruce Lee. Cuando cerró el cine, me metí en un restaurante, donde se me hacía la boca agua mientras veía pasar los platos junto al mostrador. El dueño, que me tenía echado el ojo desde el día anterior, se sentó junto a mí y se puso a hablar conmigo.

Al cabo de unos minutos, le di el número de teléfono de los Catanze. Antes de que Rudy apareciera con su Chrysler azul, engullí una hamburguesa.

—David— me dijo Rudy —no te voy a soltar otro sermón. Lo único que puedo decirte es que no puedes seguir actuando así. No podemos vivir así, ni tú ni nosotros. Tienes que cambiar.

Cuando llegamos a su casa, me duché y me fui a la cama, mientras Rudy y Lilian discutían cómo lidiar conmigo.

Al día siguiente, cosa rara, apareció la señora Gold. No estaba demasiado alegre y se olvidó de darme un abrazo. —David, ¿se puede saber qué está pasando?— preguntó con voz firme.

Yo no paraba de mover las manos para evitar tener que mirarla. —¿Por qué nunca viene a verme?

—¿David? Sabes perfectamente que hay montones de niños como tú que también necesitan mi ayuda. Lo entiendes, ¿no?

—Sí, señora— dije. Me sentía culpable por apartarla de los demás niños, pero echaba de menos las visitas que me hacía antes del juicio.

—David, la señora Catanze me ha dicho que te cuesta adaptarte. ¿Es que no to te gusta la casa?

¿Qué te ocurre? ¿Qué ha pasado con aquel niño tan amable que conocí hace unas semanas?

Me miré las manos. Me daba vergüenza responder.

Después de un minuto de silencio, me dijo: —No te preocupes, ya me han contado lo del psiquiatra. No es culpa tuya. Buscaremos a otro que esté acostumbrado a tratar con niños.

—¡No soy un niño! Tengo doce años y estoy harto de que la gente se meta conmigo— dije con voz seca. Tuve que contenerme para no revelar una parte de mi personalidad que, hasta entonces, no existía.

—David, ¿por qué estás tan enfadado?

—No lo sé, señora Gold. A veces, yo...

La señora Gold se me acercó desde el otro extremo del sofá. Me levantó la barbilla mientras yo me sonaba la nariz. —¿Estás durmiendo lo suficiente? No tienes muy buen aspecto. ¿No te gusta vivir aquí?

—Sí, señora— asentí. —Sí me gusta mucho. La señora Catanze es muy buena, pero a veces... tengo miedo. Quiero contárselo, pero no me atrevo. Hay muchas cosas que no entiendo y me gustaría saber por qué.

—David, ya sé que es difícil de comprender,

pero lo que sientes ahora, en este preciso instante, es perfectamente normal. Si no estuvieras un tanto confundido o intranquilo, entonces me preocuparía. Estás perfectamente bien. Lo que *sí* me preocupa ahora mismo es tu comportamiento. Sé que puedes portarte mucho mejor de lo que lo has hecho últimamente. ¿Me equivoco? El señor Catanze no está muy contento contigo, ¿no es así?

—Entonces, ¿estoy bien?

La señora Gold sonrió. —Sí, en general, diría yo. Aún hay cosas que pueden mejorar, pero si te portas mejor, todo irá bien. ¿Tienes alguna pregunta para mí?

—Sí, señora. ¿Sabe algo de mi padre?

La señora Gold arqueó las cejas. —¿No ha venido a verte? Hace semanas que tenía que haber venido— dijo, mientras miraba en su agenda.

Negué con la cabeza. —Le he escrito algunas cartas, pero debo tener la dirección equivocada porque no me contesta... y no tengo su número de teléfono. ¿Sabe si mi padre está bien?

Tragó saliva. —Bueno, sé que se mudó de apartamento y que le han trasladado a otra estación de bomberos.

Me corrían las lágrimas. —¿Le puedo llamar? Sólo quiero oír su voz.

—Cariño, no tengo su teléfono, pero te prometo que intentaré llamarle en cuanto pueda. Procuraré llamarle hoy mismo. ¿Por eso fuiste frente a la casa de tu madre y la llamaste hace unas semanas?

—No sé— respondí. No me atrevía a contarle que había estado junto a la casa de mi madre la noche del sábado. —Dígame, ¿por qué no la puedo llamar?

—David, ¿qué pretendes? ¿Qué es lo que buscas?— me preguntó en voz baja, como si ella misma buscara una respuesta.

—No entiendo por qué no puedo verla ni hablar con ella o con los chicos. ¿Qué fue lo que hice? Sólo quiero saber... por qué ocurrieron así las cosas. No quiero convertirme en alguien como ella. El psiquiatra dice que tengo que odiar a mi madre. Dígame usted qué se supone que debo hacer.

—Bueno, no creo que debas odiar a tu madre ni a nadie. A ver cómo te lo explico... —. La señora Gold miró al techo. —David, tu madre es como un animal herido. No tengo ninguna respuesta que explique por qué ha cambiado de teléfono o por qué actúa de la forma en que lo hace—. Me arrimé a ella. —David, eres un niño... perdona, un hombrecito de doce años. Estás confundido, piensas demasiado en algunas cosas y demasiado poco en otras. Sé que has tenido que aprender a pensar en muchas cosas para sobrevivir, pero tienes que acabar con eso. Quizás nunca encuentres una respuesta y no puedes dejar que el pasado te condicione. Ni tan siquiera yo sé por qué hay niños a los que les pasan ciertas cosas y quizás no lo sepa nunca, pero sí sé que tienes que tener cuidado con lo que haces ahora, *hoy,* en lugar de intentar buscar respuestas para explicar el pasado. Yo te ayudaré en todo lo que pueda, pero tienes que esforzarte en ser un poco mejor.

La señora Gold me abrazó por un buen rato. Suspiraba y le temblaba el cuerpo. Levanté la vista para mirarla, mi querida asistente social. —¿Por qué llora?— pregunté.

—Cariño, no quiero perderte— dijo, sonriendo.

Le devolví la sonrisa. —No volveré a escaparme.

—Cariño, te lo diré una vez más. Tienes que ser muy, muy bueno. No quiero perderte.

—Seré bueno, lo prometo— dije, intentando calmar a mi ángel protector.

Cuando se fue la señora Gold, volví a ser el niño alegre de antes. Me sentía bien. No pensaba en el psiquiatra chiflado, me esforcé por llevarme bien con Larry júnior y hacía las tareas con mucho orgullo. Ni tan siquiera me importaba estar castigado. Bajaba al piso de abajo, cogía cera para pulir el auto y me pasaba horas limpiando la bicicleta. Tenía la habitación impecable y esperaba con impaciencia que mejoraran las cosas y que empezara el colegio.

Cuando empezó la escuela, me mantuve alejado de los demás niños, que se dedicaban a competir sobre quién tenía la ropa más de moda o los mejores lápices de colores. En el recreo, me senté en el césped para mirar cómo jugaban al *football*. Me voltée un momento y un segundo más tarde una pelota me dio en plena cara. Mientras me tocaba la mejilla, oí que alguien se reía. —Epa, muchacho— gritó el más grandulón —devuélvenos la pelota—. Me puse nervioso al agacharme para recoger la pelota. Nunca había tirado un balón y sabía que no me saldría un tiro limpio. Intenté imitar lo que había visto hacer a los otros chicos, aspiré profundo y lo lancé con fuerza. La pelota giró sobre sí misma y acabó a poca distancia de mí.

—¿Qué te pasa?— dijo un muchacho mientras le recogía. —¿Nunca habías lanzado un balón de *football?*

Antes de que pudiera decir nada, se le acercó un chico de mi clase. —Sí, ése es el chico del que les hablé. Mira la ropa que lleva. Y los zapatos. Parece como si le vistiera su madre. ¡Es un ridículo!

Sin pensarlo, abrí los brazos y me miré la ropa. Me gustaba la camisa azul que llevaba. Los pantalones tenían rodilleras y los tenis estaban un poco gastados, pero a mí me parecían casi nuevos. Después de mirarme, inspeccioné la ropa de los otros chicos: todos parecían llevar ropa de mejor marca y zapatos más de moda. Algunos llevaban suéteres negros de cuello alto. Me volví a mirar, avergonzado, aunque no estaba seguro por qué.

En el aula, cada vez que el profesor me hacía ir a la pizarra, me ponía muy nervioso. En ocasiones, tartamudeaba delante de todos y los chicos del equipo de *football* me imitaban mientras yo volvía a mi sitio, haciendo ver que no les oía. En la clase de lengua, siempre escribía la historia de cómo nos habían separado a mis hermanos y a mí y cómo luchábamos para reencontrarnos. Siempre dibujaba a mis hermanos y a mí separados por una tromba de agua o unas montañas altísimas. Tomaba prestados las crayolas del profesor y dibujaba enormes sonrisas en las caras y un sol resplandeciente que iluminaba a mis cuatro hermanos y a mí.

Una vez, al salir de clase, un par de chicos del *football* se burlaron de mí porque usaba crayolas. Quería mandarlos bien lejos, pero sabía que no me saldrían las palabras, así que salí corriendo, herido en mi amor propio. Muy pronto conocí a otro chico de mi clase, John. John era diferente, como yo. Tenía el pelo negro, largo y lacio, y llevaba ropa muy gastada. Caminaba de una forma muy particular y muy pronto me di cuenta de que nadie se metía con él. Cuando me acerqué a él, me fijé en que tenía un cigarrillo en la mano.

—¿Así que tú eres el nuevo?— dijo John.

—Sí— respondí orgulloso, mientras caminábamos juntos.

—No te preocupes por esos tipos— dijo, señalando tras él. —Yo sé lo que es que se metan contigo. Mi padre nos pegaba a mi madre y a mí. Ya no vive con nosotros—. Enseguida me atrajo su actitud de tipo duro. John me explicó que sus padres se habían divorciado y que su madre trabajaba todo el día para mantenerlos a él y a sus hermanos. Me dio pena. Al llegar a la esquina, nos dijimos adiós. Mientras me dirigía a casa de Lilian, recordé el miedo que me daba antes volver a casa después del colegio.

Volví a ver a John al día siguiente en el patio durante el recreo. Estaba muy enfadado porque el profesor lo había ragañado delante de toda la clase por no haber hecho las tareas. Nos dijo a sus dos amigos y a mí que pensaba vengarse. Bajó la voz, mientras explicaba su plan, cuando yo me acerqué.

—Oye, tú. No me irás a delatar, ¿verdad?

—¡Claro que no!— le aseguré.

—Está bien. Mira, tienes que ser miembro de la pandilla para andar conmigo. Te diré lo que vamos a hacer. Nos vemos en el estacionamiento al salir de clase. Entonces te contaré mi plan.

Acepté el reto de John, aunque sabía que me estaba metiendo en un lío. En clase se hacía el duro y hasta los niños ricachones que jugaban al *football* se mantenían alejados de él. Mientras pensaba durante la clase en lo que pasaría, estuve tentado mil veces de arrepentirme. Me dije que cuando sonara el timbre, me quedaría en el aula y sería el último en salir. Después me iría por otro sitio y los chicos no me verían. Al día siguiente le diría a John que se me había olvidado.

Cuando sonó el timbre aquella tarde, levanté la tapa del pupitre y fingí que buscaba algo sin encontrarlo. Escuché como se iba yendo todo el mundo y, cuando creía que estaba solo, bajé la tapa del pupitre y me encontré con la cara de John, de pie frente a mí. Suspiré y acepté el hecho de que tenía que irme con él. John se subió el cuello de la chaqueta de vinil negro. En el estacionamiento, sus dos amigos también se hacían los machitos.

—Ya está— fanfarroneó John. —He decidido que el chico nuevo puede unirse a nuestra banda. Va a desinflar las ruedas del auto nuevo del profesor Smith. *Las ruedas,* así en plural, o sea, dos o más de ellas— dijo, mientras me miraba a los ojos. —Así a Smith no le servirá de nada la rueda de repuesto. Inteligente, el plan, ¿no?— dijo riendo.

Aparté la vista de él. Cuando robaba caramelos o juguetes, sabía que lo que hacía no estaba bien, pero nunca había atentado contra la propiedad de nadie y no quería empezar ahora. Sentía que todos me miraban. Tragué saliva. —Cónchale, John... Realmente no creo que haga falta...

Se le puso la cara roja y me dio un puñetazo en

el hombro. —Oye, compa, dijiste que querías ser mi amigo y estar en mi banda, ¿no?

Sus amigos me rodearon y asintieron.

—Está bien, está bien, lo haré. Pero después seré miembro de la banda y no tendré que hacer nada parecido nunca más, *¿de acuerdo?*— dije en voz entrecortada, muerto de miedo, aunque me esforzara en sonar duro.

John me dio una palmadita en la espalda. —¿Lo ven? Se los dije. ¡El chico vale la pena!

Cerré los ojos y apreté los dientes, tratando de no sentir nada. —¡Vamos!— dije en mi nuevo tono machista.

John me condujo hasta un auto amarillo nuevo. Señaló con la cabeza y se apartó de la escena del crimen. Los otros dos chicos se reían mientras seguían a su líder.

Respiré hondo y me arrodillé, sin acabar de creer lo que estaba a punto de hacer. El corazón me latía a toda velocidad. Quería ponerme de pie y salir corriendo, pero no lo hice. *¡Vamos!*, me di aliento, *¡hazlo de una vez! ¡Vamos!*

Miré a mi alrededor antes de desenroscar la tapa de la válvula del aire. Al cabo de unos segundos me empezaron a temblar las manos y aún no había sacado la tapa de plástico. Sentía que todo el mundo me miraba, mientras oía sonar las puertas de otros autos al cerrarse.

Al final conseguí que la tapa cayera al suelo. Me saqué un lápiz del bolsillo, me di vuelta y me encontré con la mirada de John. Estaba tenso y arqueó las cejas, como para indicarme lo descontento que estaba con mi actuación. Entonces me gritó: —¡Vamos, acaba de una vez!

Aspiré antes de clavar la punta del lápiz en la válvula del neumático. El aire salía de la abertura como si fuera una explosión; todo el mundo podía oír lo que estaba haciendo. Dudé un instante y busqué a John, que me indicó que continuara. Estaba cubierto de sudor y muerto de miedo. *¡No!*, me dije, *¡esto está mal!* Rompí la punta del lápiz a propósito, me levanté y pasé caminando junto a John, que me retó a acabar el trabajo. Le aparté y seguí caminando hasta salir del estacionamiento. John y la pandilla me siguieron hasta que llegaron a la esquina de la casa de John.

El acoso se prolongó al día siguiente. En el recreo, sin avisar, John me tiró al suelo. Mientras me levantaba, se formó un pequeño círculo a mi alrededor. —¡A pelear! ¡A pelear!— coreaban todos. Mantuve la cabeza baja mientras intentaba abrirme paso entre la gente y la andanada de insultos.

Al cabo de unos minutos, toda la escuela sabía que había traicionado a John y su pandilla. Me sentí más solo que, en la Escuela Primaria Thomas Edison.

A la mañana siguiente, me inventé un montón de excusas para no ir al colegio. No le conté a Lilian mis problemas con John o con los otros chicos; sabía que, si lo hacía, Rudy y la señora Gold se pondrían furiosos.

Una semanas más tarde, pedí disculpas a John y su pandilla. Como gesto de amistad, le regalé un cartón de Marlboro que había robado el día antes.

—Está bien, muchacho— sonrió John. —Te perdonamos tu debilidad, pero todavía tienes que pasar una prueba de iniciación para entrar en el grupo.

Asentí mientras pasaban por mi cabeza las historias que me habían contado sobre John, de cómo había golpeado a los dos chicos de su pandilla hasta que cayeron al suelo desfallecidos. Me veía con la cara ensangrentada, las gafas rotas y los dientes partidos. Le miré a los ojos, haciéndome el duro. —Está bien, ¡puedo hacer lo que sea!— le dije en tono tranquilo.

—No tan rápido— replicó John mientras agitaba su cigarrillo sin prender. —Tengo algo especial para ti. Escúchame bien. Estoy hasta los huevos de Smith. Se cree que es muy duro porque es el profesor. Le ha escrito una carta a mi madre y por su culpa siempre la tengo encima. ¿Qué te parece si... si le quemamos la clase?

Abrí la boca de par en par: —No... no puedes estar hablando en serio.

—No te estoy diciendo que lo hagas tú. Sólo quiero que vigiles mientras yo lo hago. No me puedo fiar de ese par de idiotas, son dos pendejos. Pero tú, tú tienes cojones—. De repente le cambió la voz. —Si me delatas, te mataré a golpes—. Un segundo después volvió a cambiar el tono de voz. —No le des más vueltas, compadre. No lo vamos a hacer ahora. Ya te avisaré cuando te necesite.

—Está bien, compa— asentí. —Te ayudaré. No tengo problema—. Me alejé, repitiéndome que sólo estaba alardeando. *Nadie quema una escuela,* me tranquilicé. *Pero, ¿y si es en serio? ¿Qué hago?* No podía hablar con la señora Catanze y menos aún con los profesores. Pasara lo que pasara, nunca delataría a John. No porque quisiera ser amable con él, sino porque tenía miedo de que me golpeara brutalmente y de vivir la humillación posterior.

Los días que siguieron temía encontrarme con John y éste no paraba de decir que muy pronto iba a darle una lección al profesor. Pasaron las semanas y empecé a pensar que sólo lo decía para ganarse la atención del que le quisiera escuchar. En ocasiones, cuando se reunía un grupo lo bastante grande, yo también fanfarroneaba, diciendo que *John y yo* habíamos planeado algo que demostraría a todos lo hombres que éramos. Cuanto más fanfarroneaba, más gente se reunía a mi alrededor. Muchachos que antes se reían de mí, ahora estaban pendientes de todas y cada una de mis palabras. Cuando llevaba varios días contando la historia, me encontré afirmando que sería yo el que llevaría a cabo la hazaña.

Pasaron las semanas y me olvidé "del plan", hasta que un día, después de clases, John me dirigió una mirada fría y profunda y me ordenó que volviera a la escuela al cabo de una hora. Se me hizo un nudo en el estómago. —Vale, compa, aquí estaré— dije, sin tiempo para inventarme una excusa. Una hora después, mientras volvía al colegio, rezaba para que se hubiera ido.

El olor a papel quemado llenaba el pasillo. Me

eché a correr siguiendo el humo y llegué hasta las aulas. Al cabo de unos segundos encontré a John agachado junto a una rejilla de ventilación de la que salía una columna de humo negro. Yo no podía creer lo que veía. Nunca pensé que se fuera a atrever a hacerlo.

—¡John!— grité.

John levantó la cabeza. —Coño, chico. ¿Dónde estabas metido? Ven, ¡ayúdame!—. Me quedé inmóvil detrás él, sin saber qué hacer. —¡Vamos, compadre, ayúdame! ¡Ayúdame a apagar el fuego!— gritó.

No paraba de salir humo de la rejilla y yo no sabía qué pensar. John estaba aterrorizado, se le veía en la cara. Al cabo de unos segundos, cayó de espaldas. —¡A la mierda! ¡Esto no hay quien lo pare! ¡Yo me largo! ¡Ven, vámonos!—. Antes de que pudiera responder, su sombra corría pasillo abajo.

Me agaché frente a la rejilla y aparté la cara, mientras tosía a causa del humo. Empezó a formarse una llama anaranjada. Agarré la lata de gasolina de mechero que John había dejado y la aparté de la rejilla. Mientras lo hacía, la apreté tan fuerte que la gasolina se encendió y me cubrió la mano de líquido. Por un momento pensé que la lata iba a explotar y mi mano con ella. Aparté la lata y fui a buscar ayuda. Me pareció que pasaban horas hasta que oí unos pasos que avanzaban por el pasillo. Una chiquilla se paró junto a mí y me miró asustada. —¡Busca ayuda!— chillé. —¡Hala la alarma! ¡Hala la alarma!—. La niña se tapó la cara con las manos. —¡Vamos!—le ordené. —¡Mueve el culo!

La niña parpadeó. —¡Lo voy a contar todo!— dijo, antes de salir corriendo. Un poco más tarde oí el sonido de la alarma. Con las dos manos cogí gravilla y empecé a echarla sobre el fuego. Sabía que el fuego necesitaba oxígeno para crecer e intentaba cubrirlo con suficiente gravilla para extinguirlo.

Cuando vi que la montaña de gravilla aminoraba las llamas, me aparté para observar la columna de humo. Me sequé el sudor con las manos llenas de hollín. Me volteé al oír a alguien que gritaba: —¡Aquí! ¡Aquí está el fuego!—. Tuve miedo. Un minuto más tarde, corría calle abajo mientras el ruido de los camiones de bomberos me perforaba los tímpanos y una flotilla de camiones pasaba junto a mí. Les saludé, como solía hacer cuando veía un camión de bomberos. Uno de los bomberos me devolvió el saludo.

A la mañana siguiente me encontré con John en la esquina de su casa. Acordamos negar nuestra participación en el incendio y volvió a amenazarme para que no lo delatara. —Además— dijo John con una gran sonrisa —ahora eres miembro de la pandilla. Eres el vicepresidente.

Me sentía como en una nube, hasta que llegué al colegio. Todas las miradas convergieron en mí mientras el profesor de sexto grado, el señor Smith, se levantó de su asiento, me agarró del hombro y me llevó al despacho del director. —¿Cómo has podido hacer eso?— me preguntó el profesor. —No esperaba algo así de ti.

Más tarde me senté frente al director, que me dijo que pensaba llamar a la policía, al jefe de bomberos y a mis padres de acogida. Me aterrorizó esta última parte. Sólo pensaba en la cara de Rudy. —Antes de que digas nada— afirmó el director —tienes que saber que ya te han identificado como el causante del fuego...

—¡No!— grité. —¡Yo no fui! ¡Se lo juro!

—¿De verdad?— sonrió. —De acuerdo, te creo. Enséñame las manos.

Levanté las manos, sin saber muy bien sus intenciones. Se acercó y me las cogió. Entonces me vio los vellos quemados. —Creo que ya he visto lo suficiente— dijo mientras me las soltaba con un gesto brusco.

—¡Yo no lo hice!—. Me eché a llorar.

—Mírate. Todavía hueles a humo. Tengo declaraciones de profesores que aseguran que llevas días alardeando de provocar el incendio. Por amor de Dios, ¡tu padre es bombero! No hay más que hablar. Pronto llegará la policía; les puedes contar a ellos tu historia. Puedes esperar en la sala de aquí al lado. Tengo trabajo— dijo, mientras me indicaba que me fuera.

Cerré la puerta y me dirigí a una silla. La secretaria me miró con cara de pocos amigos. La saludé mientras me sentaba. Me dirigió una mirada asesina mientras suspiraba y se apartaba de mí. —¡Niños acogidos! ¡Lo que nos faltaba!

Me agarré a los brazos de la silla y me incorporé: —¡Ya sé lo que está pensando! ¡Lo que piensan todos! Pero déjeme que le diga una cosa: ¡No he sido yo!—. Grité, antes de cerrar la puerta de golpe detrás de mí. Al cabo de un segundo, el director salía de su despacho con el puño levantado. Sin pensarlo, salí corriendo de la escuela y no paré hasta llegar al pie de la colina donde estaba la casa de John. Abrí la verja, me escondí en su cabañita de madera y le esperé.

—¡Qué tremendo, compa! ¡Te has escapado!— me dijo al verme en la puerta trasera de su casa unas horas más tarde.

—¿Qué?— exclamé.

—Chico, los muchachos del colegio creen que la policía llegó para arrestarte y que tú les diste una paliza y te escapaste. ¡Esto es demasiado, compa!— dijo, sin poderse controlar. —¡Todo el mundo piensa que eres un héroe!

—Espera un minuto. Nada de eso, ¡para!— le grité, para que se callara. —El director piensa que fui yo el que empezó el fuego y ya me han identificado. Tienes que ayudarme, compa. ¡Tienes que decir la verdad!

—Ni hablar— dijo John mientras se apartaba de mí. —Tienes que arreglártelas solo.

Sacudí la cabeza. Estaba a punto de echarme a llorar, pero me aguanté las lágrimas. —Oye, esto es serio. Tienes que ayudarme. ¿Qué voy a hacer?

—Está bien, de acuerdo. No puedes volver a casa... Mira, te esconderé aquí hasta que se nos ocurra algo.

—Vale— dije, mientras intentaba calmarme. — Pero tienes que contarles lo que pasó de verdad—. John abrió la boca y quiso decir algo. Sin pensarlo, le agarré de la camisa. —¡Cierra la puta boca y escúchame! ¡Fuiste tú, no yo! ¡Yo te he salvado el cuello! ¡Diles la verdad o te las verás conmigo!— grité.

La actitud de tipo duro de John comenzó a derretirse. —Está bien... de acuerdo, mañana lo contaré. Cálmate, ¿de acuerdo?

Esa noche la pasé temblando de frío en una improvisada cama de madera en la cabañita de John. Antes, había usado el teléfono para llamar a Lilian, pero colgué cuando escuché la dura voz de Rudy en el otro extremo. —¡David! —dijo tras una larga pausa—. ¡Sé que eres tú! Si sabes lo que te conviene, ahora mismo...

Al día siguiente, las horas parecían eternas mientras esperaba a que volviera John. Cuando por fin volvió a casa, dejó la puerta corrediza abierta. Me metí dentro de la casa para entrar en calor. —¿Y?— pregunté mientras me frotaba las manos. —Se acabó, ¿no? ¿Lo has dicho todo? ¿Les has dicho la verdad?— pregunté, aliviado porque todo se había acabado y podía volver con los Catanze.

John levantó los hombros y miró al suelo. Antes de que hablara sabía que mis problemas no se habían terminado. —¡Me lo prometiste!— dije.

—Bueno, el director me ha sacado de la clase—

explicó en voz baja, sin levantar la vista del suelo. Paró un minuto. Pensé que iba a darme alguna otra excusa, pero levantó la vista, me miró a los ojos y sonrió. —Le he dicho que fuiste tú. Que fue idea tuya.

Me empezaron a temblar las manos. —¿Que qué? ¿Qué fue lo que hiciste?

John sonrió. —¿Que qué he hecho? Yo no he hecho nada. Tienes que irte. No puedes quedarte aquí— me dijo con voz cortante.

Yo era incapaz de reaccionar. —¿Y a dónde voy a ir? ¿Qué voy a hacer?

—Tenías que haberlo pensado antes de pegarle fuego al colegio, chico.

Mi mente estaba confundida. —Creía que eras mi amigo— dije suplicante, mientras John se apartaba.

Cerré la puerta de su casa y me dirigí al centro comercial, con la esperanza de encontrar algo de comida que robar. En cuanto oía algún auto acercarse, me escondía entre los matorrales. *Esto es estúpido,* me dije. *No puedo seguir así.* Me di vuelta y me dirigí a casa de Rudy y Lilian. Respiré hondo, abrí la puerta y subí las escaleras, mientras escuchaba el ruido de la televisión. Cuando entré al salón, me encontré con la sonrisa de reptil de

Larry júnior. —El fugitivo... ha vuelto.

Lilian soltó la colcha que estaba tejiendo. —Dios mío, David, ¿dónde estabas metido? ¿Estás bien?

Antes de que pudiera responder, se oyeron los pasos de Rudy que avanzaba corriendo por el pasillo. —¿Dónde está?— gritó.

Tragué saliva antes de empezar el discurso que tenía preparado, de decirles que todo había sido un malentendido. Que yo, de hecho, *había apagado* el fuego, no lo había provocado. Sabía que Rudy me gritaría unos minutos y me castigaría una semana entera por no haber vuelto a casa, pero pensaba que, cuando supiera la verdad, todo volvería a ser como antes. Sonreí a Rudy, que resoplaba sobre mi cabeza como un dragón: —Sé que no lo vas a creer, pero...

—¡Claro que no lo voy a creer!— soltó Rudy. —Ya no te creo nada. Durante los dos últimos días he recibido llamadas del colegio, de la policía, de los tutelares de menores, de tu padre y de esa mujer que tienes por madre. Desde que puso un pie en esta casa... — Rudy señaló a Lilian antes de seguir conmigo —Te dije que no te metieras en líos y ahora vas y haces una cosa semejante. ¿Se puede saber qué coño estabas pensando? ¡Es increíble! ¿No te basta con robar? No, tienes que probarte, ¿verdad? Dices que te sientes perdido, que no acabas de encajar; bueno, te diré lo que eres. ¡Un pirómano! ¡Eso es lo que eres! ¿No habrás sido tú el que incendió los terrenos yermos del vecindario?

—Por Dios, Rudy, cálmate— dijo Lilian. —Ni tan siquiera vivía aquí cuando pasó eso.

—Bueno, ya he visto lo suficiente. Ya he tenido bastante. Se acabó, ¡se larga de aquí!— gritó Rudy. Entonces sacudió la cabeza y suspiró profundamente, para indicar que había terminado.

Siguió un largo silencio. Respiraba sobre mi cabeza mientras Lilian seguía pegada a su lado. Hasta hacía unos minutos, pensaba que podía aclararlo todo con mis palabras, pero me di cuenta de que mis acciones pasadas habían llevado a Rudy a esa conclusión. Yo era culpable, según él, y sabía que nada de lo que dijera le haría cambiar de opinión. Le miré con los ojos llenos de lágrimas. Deseaba tanto que me creyera.

—Esas lágrimas de cocodrilo tal vez funcionan con Lilian, pero a mí no me afectan lo más mínimo— me dijo.

Tragué saliva antes de preguntar en voz baja: —¿Ha llamado mi padre?

Lilian asintió con la cabeza y la puso sobre el hombro de Rudy. —Dejémoslo tranquilo hasta mañana, ¿no te parece?

Rudy la miró con cara de frustración. —Espabílate, Lilian. Por amor de Dios, no estamos hablando de robar caramelos. Le ha pegado fuego al colegio...

—¡No!— dijo Lilian, cortándole la conversación. —¡El director piensa que hubo otro chico involucrado en el asunto!

Rudy estaba cansado. Tenía unas ojeras pronunciadas. —Vamos, Lilian, ¿Qué más da? Es un niño acogido. Le han detenido por robar en tiendas y su madre se dedica a poner denuncias falsas contra él. ¿A quién crees que le van a creer? De eso se trata.

Lilian se echó a llorar. —Ya lo sé, Rudy. Pero yo sé que no es un mal chico, sólo que...

Sentí deseos de abrazarla y de sacarle del pecho todo el dolor que le había causado.

—Bueno— replicó Rudy con voz más calmada. —Lilian, sé que no es tan malo... pero está entre la espada y la pared. Esta vez la ha hecho buena y, en fin... — dijo, mientras se acariciaba la frente.

—David— me dijo Rudy con voz tranquilizadora mientras me agarraba de los hombros. —Sé que en ocasiones te grito más de la cuenta y que piensas que soy un ogro, pero me importas. Si no fuera así, te hubiera echado de esta casa hace tiempo. Estás metido en un buen lío y yo no puedo hacer nada al respecto. Por eso estoy tan enfadado. Pero pase lo que pase, quiero que sepas que nos importas mucho—. Paró un momento para frotarse los ojos. Me miró y me acarició los hombros. —Lo siento, hijo, pero no puedo hacer otra cosa. Mañana te llevaré a Hillcrest—. Entonces se echó a llorar.

CAPITULO

7

Amor de madre

Casi me desmayo mientras Rudy Catanze me llevaba al Centro de Detención Juvenil del Condado de San Mateo. Me sentía como si me hubieran atado una goma elástica gigante alrededor del pecho. Mientras Rudy me daba algunos consejos de última hora, era incapaz de concentrarme en sus palabras: estaba aterrorizado por lo que pudiera pasarme a partir de ese momento. La noche anterior, Larry júnior había sido muy explícito al describir lo que hacían los chicos mayores y más fuertes con los niños jovencitos y blandengues, con la "carne fresca". Me sentí muy humillado al tener que desnudarme frente al consejero durante el proceso de admisión, al tener que abrir bien las piernas para ducharme y al ponerme la maloliente "ropa del condado".

Me estremecí cuando la pesada puerta de roble de mi celda se cerró tras de mí. En menos de un minuto ya había analizado mi nuevo hábitat. Las paredes estaban hechas de ladrillos sucios y el suelo era de cemento con una capa de cera. Metí la toalla mojada, la muda y los calcetines en un pequeño estante y me senté a los pies de la cama, que estaba montada en la pared. Me moría de ganas de ir al baño; entonces me di cuenta de que en la celda no había inodoro. Las gomas elásticas que sentía en el pecho parecieron desaparecer cuando me cubrí la cabeza con la manta negra de lana. Al cabo de un momento me dormí.

La primera vez que se abrió la celda para la recreación de la tarde, caminé por el pasillo como si estuviera pisando cáscaras de huevos. Los otros muchachos parecían gigantes, árboles con patas más que adolescentes. Durante los primeros días desarrollé un plan para poder sobrevivir: intentaría pasar inadvertido y no llamar la atención y, por una vez en la vida, me estaría calladito. Durante las primeras semanas que pasé en Hillcrest, fui testigo de seis encarnizadas peleas, tres de las cuales fruto de discusiones sobre a quién le tocaba jugar al billar. Me golpeé varias veces con las paredes porque iba siempre mirando al suelo para evitar mirar a la gente a los ojos y me mantuve lo más alejado que pude de la mesa de billar.

Respiré un poco más tranquilo cuando me transfirieron del ala A, la de los recién llegados, al ala C, en el piso de arriba, en la que se encontraban los chicos más pequeños e hiperactivos. Las reglas del ala C eran menos estrictas. Ya no salía corriendo a esconderme en mi celda cada vez que los vigilantes se retiraban después de enviar a los jóvenes a sus cuartos, como hacía en el ala A. Los consejeros del ala C parecían más abiertos, más acostumbrados a tratar con niños. Me sentía seguro.

Una tarde, me llamaron mientras estaba en la sala de recreación. Poco después descubrí que tenía una visita. Mientras el consejero me explicaba las reglas de las visitas, sentí un nudo en el estómago de la emoción. Hasta aquel momento no tenía ni idea de que nadie me pudiera venir a ver, así que me preguntaba quién había venido hasta Hillcrest para visitarme.

Me imaginaba a Lilian o a la señora Gold mientras abría la puerta. Al cabo de un segundo, me quedé paralizado. Mi padre estaba sentado junto a la pared tras una mesa. Además de mi madre, papá era la última persona a la que esperaba ver en el centro de detención juvenil.

Me temblaban las manos mientras alcanzaba una silla.

—Bueno, David— dijo mi padre sin mostrar ninguna emoción —¿cómo estás?

—Bien, gracias— dije, evitando mirarle a los ojos.

—Bueno... Has crecido. ¿Cuánto hace que no nos vemos?

—Un año.

Le miré. Intenté recordar la última vez que le había observado realmente. *¿Fue mientras vivía en la casa?*, pensé. Mi padre parecía muy delgado, apoyado en la mesa frente a mí. Tenía la cara y el cuello muy colorados y el pelo, antes siempre bien peinado, ahora era entrecano y estaba sucio. Tosía a cada rato. Se metió la mano en el bolsillo de la chaqueta y buscó un paquete de cigarrillos. Sacó uno y le dio unos golpecitos en la mesa antes de encenderlo. Después de un par de chupadas, dejaron de temblarle las manos.

No me atrevía a mirarle a los ojos. —Papá, antes de que digas nada... quiero que sepas...

—¡Cállate!— exclamó de repente, como un trueno. —¡No empieces otra vez con tus mentiras!—. Inspiró antes de apagar el cigarrillo y encender otro. —Por el amor de Dios... si alguien se entera de esto en el cuartel, ¿sabes lo que podría pasarme? ¡Como si no tuviera ya bastantes problemas!

Asentí, con deseos de desaparecer.

—¡Y si eso no bastara—empezó de nuevo, —le has dado a la loca que tienes por madre más municiones de las que necesita!—. Paró para darle otra chupada al cigarro. —¡Me cago en Dios! ¡Lo habías conseguido! Y de repente, no paro de recibir llamadas de esa asistenta social tuya.

—¿La señora Gold?— murmuré.

—Cuando por fin encuentro tiempo para llamarla, va y me cuenta que te has escapado y que has estado robando y metiéndote en toda clase de...

—Pero, papá, yo no...

—¡Cállate antes de que te calle yo de un sopapo!— me amenazó. Paró un momento y exhaló una bocanada de humo. —No podías estarte quieto, ¿verdad? No tenías bastante con meter a la policía de por medio y hacer que te sacaran del colegio y llevar a tu madre y a tus hermanos a juicio. ¡Dios mío! ¡Eres una joya! Lo tenías todo, una nueva vida, otra oportunidad, lo único que tenías que hacer era no meterte en ningún lío. No podías, ¿verdad? ¿Tienes idea de lo que quiere hacer tu madre contigo? ¿Eh?— me preguntó levantando la voz. —Quiere que le firme unos papeles. Lleva detrás de mí para que se los firme... yo que sé... ¿sabes cuánto tiempo?— preguntó, aunque no esperaba respuesta. —¿Tienes idea del tiempo que lleva dándome la lata para que le firme los malditos papeles?

Negué con la cabeza mientras me corrían las lágrimas por la cara.

—¡Años! Desde que te echó de casa aquel día. ¡Qué coño! Quizás tenga razón, quizás necesitas... ¿Te parece que me resulta fácil? ¿Cómo crees que me siento cuando un hijo mío está en un lugar como ése... o como éste?—. Mi padre me atravesó con la mirada. —¡Un incendio! ¡Te acusan de provocar un incendio! ¿Sabes cuántos bomberos mueren por culpa de incendios provocados? Quizás tu madre tenga razón, quizás seas incorregible.

La ceniza del cigarrillo se acercaba a sus dedos.

—Bueno— dijo tras unos minutos de silencio. —Tengo que devolver el auto. Ya, bueno, ya nos... —. Se paró a mitad de la frase mientras se apartaba de la mesa.

Le miré de arriba abajo. Tenía la mirada cansada y vacía. —Gracias... por venir a verme— dije, tratando de sonar alegre.

—¡Coño, muchacho, no te metas en más líos!— me soltó. Estaba abriendo la puerta cuando se paró y me miró fijamente. —He hecho todo lo que he podido por ti. Lo he intentado, sabe Dios que sí. Puedo perdonarte muchas cosas, los problemas que has causado, lo que le hiciste a la familia, pero nunca, nunca, voy a perdonarte lo que has hecho ahora—. La puerta se cerró y mi padre desapareció.

—Te quiero, papá— dije, mientras miraba sobre la mesa vacía.

Aquella noche, a la hora de cenar, mientras miles de manos se peleaban por cualquier pedazo de comida, yo apenas mordisqueaba un poco de ensalada. Me sentía vacío. Sabía que yo tenía la culpa de que mis padres fueran unos desgraciados, de que se hubieran separado, de que bebieran tanto y de que mi padre, un hombre que había salvado montones de vidas, viviera ahora en un apartamento ruinoso. Yo había revelado el secreto de la familia, adrede, sin escrúpulos. Me di cuenta de que mi padre tenía razón. Mi padre siempre había tenido la razón.

Tras la cena, mientras hacía la tarea que me habían encargado, fregar el piso del comedor, uno de los consejeros me llamó. —Pelzer. Visita en recepción—. Unos minutos más tarde respiré hondo y cerré los ojos antes de abrir la puerta de la sala de visitas. Rezaba para que no fuera mi madre la que hubiera venido.

Tuve que parpadear varias veces para darme cuenta de que la cara que tenía frente a mí era la de Lilian, no la de mi madre.

Lilian se levantó y me abrazó desde el otro lado de la mesa. —¿Cómo estás?— preguntó.

—¡Bien! ¡Ahora estoy muy bien!— exclamé. —¡Guau, no sabe la ilusión que me hace que haya venido!

Lilian me cogió las manos. —Siéntate y escucha. Tenemos mucho de que hablar, así que presta atención. David, ¿por casualidad ha venido tu padre a verte?

—Sí, señora— respondí.

—Si no te importa, ¿me puedes contar de qué han hablado?

Me apoyé en la silla e intenté imaginarme la escena para poder repetir palabra por palabra la visita de mi padre.

—¿Ha mencionado tu padre algo sobre unos

papeles? Cualquier cosa— insistió Lilian.

—Bueno... No, no, señora, no que yo recuerde—dije mientras me rascaba la cabeza.

Lilian me apretó las manos de tal forma que empezó a hacerme daño. —David, por favor— dijo suplicante —es muy importante.

Entonces recordé el enfado de papá por unos papeles que mi madre quería que firmara. Intenté repetir las palabras de mi padre: —Ha dicho que mi madre tenía razón y que estaba pensando en firmar unos papeles que dicen que soy... *¿in...corri... gible?*

—¿No los habrá firmado?— soltó Lilian.

—No... no sé— tartamudeé.

—¡Diablos!— gritó. Bajé la cabeza, pensando que ya había hecho algo mal otra vez. Lilian miró la pared y después me miró a mí. —¡No! ¡No! Tú no has hecho nada, David. Es sólo que... ¿has sabido algo de tu madre? ¿Ha venido a verte?

—¡No, señora!— dije, sacudiendo la cabeza.

—Escúchame con atención, David. No tienes por qué recibir visitas de alguien a quien no quieras ver, ¿lo entiendes? Es muy importante. Cuando te digan que tienes una visita, pregunta quién es—. Lilian paró para calmarse. Parecía a punto de echarse a llorar. —Cariño, se supone que no debo contártelo, pero... no aceptes visitas de tu madre. Está en pleitos con el condado para que te encierren.

—¿Algo así como quedarme aquí, no? En una institución. Ya lo sé. ¡Y no me importa!

Lilian se puso pálida. —¿Quién te ha dicho eso?

—Una señora del servicio de psiquiatría. Dice que trabaja con todos los muchachos que vienen aquí. Siempre me pide el consentimiento... ¡Sí!— exclamé —. ¡Eso es! La señora dice que sería más fácil si diera mi consentimiento—. Por la cara que puso Lilian imaginé que había algo que iba muy mal. —¿No significa eso que al firmar el papel prometo, consiento, que me voy a portar bien mientras esté aquí? ¿No es eso, señora Catanze?

—¡David, es una trampa! ¡Quiere engañarte!— dijo Lilian con voz aterrorizada. —¡Escúchame! Te lo voy a explicar: tu madre afirma que tu conducta en su casa la obligaba a castigarte porque eras incorregible. ¡Intenta que te internen en una institución mental!— suspiró.

Me apoyé en la silla y me la quedé mirando. —¿Quiere decir... este... en un... manicomio?— tartamudeé mientras se me aceleraba el pulso.

Lilian se sacó un pañuelo del bolso. —Por esto podría perder la licencia de madre de acogida, pero me importa un... Ya no me importa. No le puedes contar esto a nadie, jamás. He hablado con la señora Gold y creemos que tu madre ha ideado este plan, lo de la institución, para justificar todo lo que te ha hecho. ¿Lo entiendes?

Asentí.

—David, Tu madre se ha puesto en contacto con esa señora del servicio de psiquiatría y le ha contado un montón de cuentos. David, te voy a preguntar una cosa y tienes que decirme la verdad, ¿está bien? ¿Alguna vez provocaste un fuego en casa de tu madre, en el sótano de su casa?— preguntó Lilian.

—¡No!— exclamé. Después escondí los dedos en las palmas de las manos: —Bueno...

Lilian apretó la mandíbula mientras me escuchaba.

—... una vez, cuando tenía cuatro o cinco años, puse las servilletas junto a las velas antes de la cena ¡y empezaron a arder! Se lo juro, de verdad, ¡no fue culpa mía, señora Catanze! ¡Fue un accidente!

—Está bien, de acuerdo— me dijo mientras sacudía las manos —te creo. Pero, David, ella lo sabe todo. Los robos en la tienda, tus escapadas, hasta el problema que tuviste con el psiquiatra. La señora Gold cree que alguna vez le ha contado más de lo que tu madre debería saber, pero la señora Gold está obligada a mantener a tu madre informada sobre tu estado. ¡Maldita sea! Nunca había visto a alguien luchar tanto para que su propio hijo acabara en...

Sentí que mi sangre comenzaba a hervir. —¿Cómo que un problema con el psiquiatra? ¡Yo no hice nada!

—Bueno, es lo que me ha contado la señora Gold...

—¿Por qué ya no puedo ver a la señora Gold?— interrumpí.

—Porque ahora te han asignado un agente de probatoria. Se llama Gordon Hutchenson— respondió Lilian, mientras sacudía la cabeza y procuraba no perder el hilo. —A ver, escucha. Se supone que yo no sé nada de todo esto, pero por lo que he entendido, el psiquiatra ha escrito un informe en el que dice que tienes tendencia a conductas violentas. Dice que te levantaste de la silla, le amenazaste y casi lo atacas— dijo, confundida por sus propias palabras.

Moví la cabeza de lado a lado. —¡No, señora! El médico me dijo que debía odiar a mi madre, ¿recuerda?—. Me eché a llorar, al tiempo que eché la cabeza hacia atrás, golpeando la pared. —¿Qué me está pasando? ¡No entiendo nada! ¡Yo no fui! ¡No he hecho nada!

—¡Escucha! ¡Escúchame!— me gritó Lilian. —La señora Gold cree que tu madre ha estado esperando a que tú metieras la pata y ahora te tiene pillado.

—Pero, ¿cómo? ¡Yo vivo con ustedes!— dije lloriqueando, mientras me esforzaba por entender cómo el mundo se había derrumbado de pronto a mis pies.

—David— dijo Lilian enfadada —Rudy y yo sólo somos tus guardianes legales, eso es todo. Un papel dice que estamos a cargo de tu bienestar. Te acogemos, pero legalmente tu madre tiene muchas potestades. Ésta es su venganza. Seguro que lleva luchando desde que te llevaron a un hogar de acogida para que te internen y el incidente en la escuela era lo que estaba esperando.

—¿Y ahora qué va a pasar?— susurré.

—Tienes que entender una cosa. Ha llegado el momento de luchar como nunca lo has hecho. Si tu madre convence a las autoridades de que es lo mejor para ellos, hará que te internen en un centro psiquiátrico. Si eso llegara a pasar... —. La cara de Lilian se llenó de lágrimas. —Quiero que sepas una cosa. No me importa lo que te digan los demás, nadie. Rudy y yo vamos a luchar por ti y haremos lo que haga falta. Si tenemos que contratar a un abogado, lo haremos. Si tenemos que ir hasta el infierno, también lo haremos. Estamos aquí para luchar por ti. ¡Por eso somos tus padres de acogida!

Lilian paró un momento para recomponerse. Entonces prosiguió en un tono más calmado. —David, no sé por qué razón, pero mucha gente critica los programas de acogida. Esa gente cree que todos ustedes son malos, porque si no fuera así no estarían acogidos en familias. Y si pueden mantenerlos fuera de su sociedad, bueno, pues mejor para ellos. Lo entiendes, ¿no?

Negué con la cabeza.

Lilian se pasó la mano por la boca mientras buscaba otras palabras. —Sabes lo que significa la palabra prejuicio, ¿no?

—Sí, señora.

—Es lo mismo. Si esa gente admitiera la necesidad de los programas de acogida temporal, tendría que admitir que hay un problema más grande que los niños que son acogidos. Significaría admitir que existen cosas como el alcoholismo, el abuso infantil, los niños que huyen de sus casas o se drogan... ¿Lo entiendes? Hemos logrado muchos cambios en los últimos años, pero la sociedad es aún muy tradicional. Muchas personas crecieron con la idea de que las problemas de la casa no deben salir de allí, que nadie tiene que enterarse de los *secretos familiares*. Algunos tienen prejuicios y cuando un niño acogido se mete en problemas...

Su frase me cayó como un jarro de agua fría. Ahora lo entendía todo. Volvía a sentir el pecho congestionado y me costaba respirar. —Este... cuando llegué a su casa... y me metí en líos...

—¿Sí?— susurró Lilian.

—Oí lo que me decía entonces... pero no le hice mucho caso.

Lilian me tomó las manos. —Bueno, eso ya pasó. Ya sé que no es fácil estar aquí, especialmente para ti, pero tienes que comportarte lo mejor que puedas. De verdad— enfatizó. —Los consejeros escriben informes de conducta que llegan a manos del agente de probatoria. Ya conoces a Gordon Hutchenson, ¿no?

—Sí, señora— respondí.

—Esos informes pueden impedir que tu madre te interne en una institución. Lo único que tiene de momento es una sarta de mentiras que le ha ido contando a la gente. Tu madre les ha hecho creer que eres una especie de niño chiflado... lo que es cierto, ¡salta a la vista!— bromeó Lilian. —Si conseguimos probar al tribunal que tú no provocaste el fuego y que has sido un niño modelo, venceremos a tu madre de una vez por todas.

—¿Y yo qué tengo que hacer?— pregunté.

Lilian sonrió. —Sé tú mismo. Es todo lo que tienes que hacer. No intentes pasar por lo que no eres. Los consejeros se darán cuenta enseguida. Sólo tienes que ser el niño que llegó hace tiempo a mi casa, antes de que me metieras en tantos rollas. Pero— me advirtió — no cometas errores. No te pongas como una fiera cuando te enfades y procura mantener cerrada esa bocaza que tienes. ¿Me entiendes?

Asentí de nuevo.

—Estás pendiente de un hilo, David. Un incidente más y todo se irá al garete. En doce años has sufrido lo que mucha gente no sufre en toda su vida. Si pudiste sobrevivir todo eso, entonces también puedes hacerlo ahora. ¡Pero tienes que pelear con todas tus fuerzas! Haz siempre lo que te digan el señor Hutchenson o los consejeros, por descabellado que te parezca. Hace años que conozco a Gordon y es el mejor en su trabajo.

Piénsalo bien antes de hacer algo de lo que tengas que arrepentirte después, ¿de acuerdo?

Mientras la señora Catanze me cogía las manos, quise decirle cuánto lamentaba los problemas que les había causado a ella y a su familia, pero sabía que ya se lo había dicho montones de veces en el pasado, sin sentirlo de veras. Pensé que no tenía por qué creerme ahora. La miré fijamente, consciente de que yo era la causa de que pasara las noches en vela y se sintiera frustrada.

Lilian hizo un esfuerzo por sonreír. —Antes de que se me olvide, tengo algo para ti— me dijo mientras metía la mano en el bolso. Un segundo más tarde sacó una caja de cerezas cubiertas de chocolate. Se le iluminó la cara mientras me daba la caja.

—¿Dulces?— pregunté.

—Ábrela— dijo Lilian, radiante.

Abrí la tapa con sumo cuidado y me sorprendí al ver mi pequeña tortuga de orejas rojas que levantaba el cuello y me miraba. La saqué de la caja y me la puse en la palma de la mano. El reptil se metió en su caparazón. —¿Se encuentra bien? ¿Come?

—Sí, sí— respondió Lilian con voz maternal. —Yo me ocupo de ella. Le cambio el agua...

—¿Cada dos días?— dije, preocupado por mi mascota.

—Cada dos días, sí. Ya lo sé, ya lo sé. Nunca me imaginé que acabaría cuidando de una tortuga vieja.

—No es una tortuga vieja. Es un bebé, ¿lo ve?— dije mientras la acariciaba. —Creo que usted le gusta—. Lilian me miró mientras le acercaba la tortuga a la cara.

—David— me dijo mientras se acercaba para acariciarme la cabeza —cuando te veo con esa tortuga... ojalá ellos te vieran como yo te veo.

Volví a colocar la tortuga en la caja de las cerezas. Entonces agarré a Lilian de las manos. —Sé que me he portado mal y que merecía que me castigaran por lo que hice, pero le prometo, le juro por Dios, que seré bueno. Bueno de verdad. Te lo prometo... mamá

Aquella noche, mientras miraba por la ventana de mi celda, sentí que algo empezaba a formarse en el interior de mi alma. *¡Lo conseguiré!*, me dije. *¡Les demostraré a la señora Catanze, al señor Hutchenson y a mi madre que soy un buen muchacho!* Sabía que el juicio sería dentro de pocas semanas de manera que lo único que tenía que hacer era esforzarme un poco más. Me dormí. Ya no tenía miedo.

En pocos días mi puntuación por buena

conducta casi se multiplicó por dos. Pensaba que ya lo hacía bastante bien antes, pero cuando Carl Miguel, el supervisor del ala C, me dijo frente a todo el mundo que llevaba una semana insuperable, quise esforzarme aún más. Al final de la semana había llegado al nivel más alto del ala: el oro. El señor Hutchenson me dijo que normalmente tomaba unas tres o cuatro semanas que alguien llegara a conseguir el oro. Sonreí, consciente de que lo había conseguido en menos de dos semanas. Durante aquella visita, Gordon me informó de que habían adelantado el juicio algunos días. —Entonces, ¿cuándo vamos a corte?— pregunté.

—Pasado mañana— respondió. —¿Estás preparado?

—Sí, señor— dije, intentando sonar seguro de mí mismo, aunque estaba aterrorizado.

—David, no quiero engañarte respecto a lo que pueda pasar cuando vayamos a corte. He visto muchos casos y con algunos nunca se sabe cómo pueden acabar. El tuyo es uno de esos. Lo único que puedo decirte es que mantengas la calma y, si crees en Dios, te recomiendo que reces...

Una vez solo en la celda, la cabeza me daba vueltas. Cerré los ojos, procuré olvidarme de mi ansiedad y recé.

Al cabo de dos días que me parecieron eternos, estaba sentado, tieso como un rábano, intentando recordar lo que me habían dicho Lilian y Gordon. Saludé a Lilian, que estaba sentada detrás de mí, y le sonreí. Mientras me daba vuelta, vi a mi madre sentada a mi derecha, en uno de los bancos de la primera fila. Cerré los ojos un momento para asegurarme que no estaba soñando, pero cuando los volví a abrir, vi a mi madre con Kevin en los brazos.

La seguridad que había sentido hasta entonces desapareció. —¡Está aquí!— le susurré a Gordon.

—Sí, pero recuerda, tienes que mantener la calma— me advirtió.

Al cabo de un momento dijeron el número de mi caso. Me moví en la silla y miré a mi madre de refilón. Mi abogado, al que había conocido hacía unos minutos mientras esperábamos fuera, se levantó y empezó a soltar fechas y números que sonaban bastante serios, pero lo hacía de una forma tan rápida que no estaba seguro de si se refería a mi caso o al de alguna otra persona.

El juez indicó a mi abogado que podía volver a su sitio. A mi derecha, otro hombre vestido con traje oscuro carraspeó antes de hablar. Gordon se acercó y me dio un golpecito en la rodilla. —

Mantén la calma, diga lo que diga. No sonrías, no te muevas y no muestres ninguna emoción.

—Señoría, durante la semana del diez de enero, el menor, David Pelzer, con premeditación, prendió fuego e intentó quemar un aula de la Escuela Primaria Monte Cristo...

Me sentí presa del pánico.

—El menor, Señoría, tiene un largo historial de conducta rebelde. Usted tiene los informes del psiquiatra del menor, así como de los educadores y miembros de la plantilla de la escuela Monte Cristo. Tengo a su disposición las declaraciones de la asistente social del menor en las que indica que "aunque la ingenuidad de David puede resultar encantadora, en ocasiones requiere supervisión constante. Mientras estaba acogido en un programa bastante liberal, David ha mostrado conductas agresivas hacia los demás y, en ocasiones, ha discutido y se ha mostrado rebelde".

Me hundí en mi asiento. El mismo edificio en el que me habían concedido la libertad sería mi tumba. Al cabo de una eternidad, el otro abogado le dio las gracias al juez antes de sentarse y saludar a mi madre con la cabeza.

—¿Ha visto eso?— le pregunté a Gordon.

—¡Calla!— me dijo —¡no vayas a meter la pata ahora!

—¿Algo que objetar?— preguntó el juez, algo aburrido, dirigiéndose a mi banquillo.

—Señoría— empezó el abogado mientras se levantaba —las afirmaciones de la señora Gold están completamente fuera de contexto. Le rogaría que se tomara el tiempo necesario para leer el informe completo. Por lo que respecta al cargo de incendio, todo el caso se basa en pruebas puramente circunstanciales. Aunque David era el principal sospechoso, poseo documentos que afirman que David más bien ayudó a apagar el fuego que había provocado otro menor. Por lo que respecta a los informes de conducta durante su detención, David se ha comportado, y cito palabras textuales, "de forma excepcional". Por lo que respecta a la acogida de David en una familia, los señores Catanze esperan ansiosos que vuelva a su casa. Gracias, Señoría.

El juez tomó algunas notas antes de hacer un gesto al otro abogado, que saltó de su asiento. —Señoría, aunque todavía no se ha podido probar directamente, el menor muestra un modelo de conducta extremadamente disfuncional. Además, dispongo de un certificado firmado por la madre biológica, la señora Pelzer, en el que se indica que el menor ha prendido fuegos en el sótano de su antigua residencia en repetidas ocasiones. Por desgracia, la señora Pelzer confiesa que era incapaz de controlar al menor en condiciones normales, que se trata de un menor extremadamente manipulador y con tendencias violentas. Le ruego que revise la orden por la que se transfiere la custodia, del pasado mes de mayo. Tal y como han demostrado las circunstancias, por la razón que sea, es evidente que el menor no puede vivir en su antiguo hogar o en un hogar de acogida. El condado cree que el menor es una carga para la sociedad y, en consecuencia, recomienda que sea examinado por un equipo psiquiátrico con vistas a su posible internamiento en una institución que pueda dar respuesta adecuada a sus necesidades.

—¿Y qué significa todo esto?— le pregunté a Gordon cuando acabó el abogado. Antes de que pudiera decirme que me callara, el juez se frotó las manos y preguntó: —¿Los responsables de la probatoria?

El señor Hutchenson se abrochó la chaqueta mientras se levantaba. —Recomendamos control continuado y evaluación por parte de un psiquiatra diferente. No he visto nada que me haga pensar que David representa una amenaza contra sí mismo o los demás. Recomiendo que se le vuelva a entregar a sus guardianes temporales.

—Quieren un castigo ejemplar, los señores... —bromeó el juez antes de proseguir. —¿Condenas previas?— preguntó a mi abogado.

—Ninguna, Señoría— afirmó el abogado con una inclinación.

El juez se apoyó en su silla. Me miró y sentí como se me ponían todos los pelos de punta. Moví la mano izquierda para rascarme el brazo derecho. Aguanté la respiración, a la espera de la respuesta del juez. El juez se atusó el bigote e hizo un movimiento de cabeza para dirigirse al taquígrafo del juzgado: —Como no se ha verificado el cargo de incendio premeditado... el tribunal recomienda una pena de... cien días en un centro de detención de menores, a contar desde el día del ingreso del menor en el centro.

—Y recuerda, jovencito— afirmó dirigiéndose a mí —un incendio es un delito muy serio. No te condeno porque no hay pruebas suficientes. Aunque parece que no has cometido ese delito, llevas bastante tiempo sobre la cuerda floja. Parece que tienes buenas cualidades y gente que te aconseja bien— dijo, saludando con la cabeza a la señora Catanze —pero... deberías ser más listo y aprovecharte de eso.

En cuando golpeó con el mazo, Gordon susurró: —En treinta o treinta y cuatro días estarás en la calle.

—¡Pero si yo no he hecho nada!— me quejé.

—Eso no importa— dijo Gordon, como si fuera la cosa más natural del mundo. —Eso casi nunca importa. Créeme, muchacho— dijo, señalando al juez —ese hombre es un santo. Si la acusación hubiera tenido alguna prueba convincente, ahora mismo te estarían poniendo una camisa de fuerza para enviarte al manicomio. Además, el tipo tiene debilidad por los mocosos como tú. Venga, de vuelta a la celda, salvaje— bromeó Gordon, mientras nos levantábamos.

De repente, mi madre se plantó frente a Gordon y a mí. —¡Se equivocan! ¡Todos se equivocan! ¡Ya lo verán! ¡Ya se lo dije a la bruja de los servicios sociales y ahora se lo digo a usted!— chillaba madre mientras apuntaba con el dedo al señor Hutchenson. —¡Es malo! ¡Es un demonio! ¡Ya lo verán! ¡La próxima vez le hará daño a alguien! ¡Tan pronto alguien se encargue de *ese niño,* verán que yo tenía razón y que no hice nada malo! ¡Se equivoca si se cree que hemos terminado! ¡Ya verá! ¡*Ese niño* sólo puede estar en un sitio! ¡Ya lo verá!—. Entonces salió corriendo de la sala, arrastrando a Kevin tras de sí.

Me acerqué a Gordon, que estaba pálido como la cera. —¿Dónde vive tu madre?

—¿En su casa?— respondí.

—¿Ah?— preguntó Gordon mientras arqueaba las cejas. —¿En la casa que quemaste? Quiero decir, si quemaste el sótano ... debiste quemar toda la casa, ¿no?

—¡Sí!— dije riendo, al darme cuenta que estaba tomándome el pelo.

Treinta y cuatro días más tarde, lloré mientras guardaba en una caja de cartón mi colección de manualidades y las carpetas de las tareas. Era raro, pero no quería marcharme. En "la calle", en el mundo de afuera, me resultaba demasiado fácil meterme en líos. En Hillcrest me había acostumbrado a lo que me rodeaba; sabía qué se esperaba de mí, me sentía seguro. Carl Miguel me acompañó a la recepción y me explicó que la calle sería la prueba definitiva de mi supervivencia. —Pelzer— me dijo mientras me daba la mano —espero no volver a verte nunca más por aquí.

Le apreté la mano y descubrí a la señora Catanze, que miraba horrorizada mis pantalones, que se me habían quedado pequeños. —¿Qué tal?— preguntó.

—¿Cómo está la tortuga?— dije.

—Me parece que terminó en la sopa.

—¡Mamá!— me quejé, aunque sabía que sólo era una broma. —Vamos— dije, mientras abría la mano —¡vámonos a casa!

La cara de Lilian se iluminó como un árbol de Navidad cuando se dio cuenta de que era la primera vez que había llamado casa a su hogar. Me tomó de la mano. —A casa pues.

CAPITULO 8

Separado

Las cosas no volvieron a ser iguales cuando salí del centro de detención juvenil y regresé a casa de los Catanze. Los otros chicos acogidos parecían sospechar de mí. Cuando entraba en una habitación, dejaban de hablar y me dedicaban sonrisas hipócritas. Si quería meterme en una conversación, acababa hablando solo frente a todos con las manos metidas en los bolsillos y, al cabo de un buen rato en silencio, me iba mientras sentía las miradas de todos clavadas en la espalda. Incluso Big Larry, al que en otro tiempo había tenido por mi hermano mayor, me dejó de lado antes de abandonar la casa. Al cabo de unos días así, acabé pasando el tiempo metido en mi cuarto. Ni tan siquiera me importaba que mi bicicleta empezara a oxidarse.

Un viernes por la tarde, en julio de 1974, Gordon Hutchenson vino a visitarme. Estaba muy emocionado al verle subir las escaleras y acercarse a mi cuarto; al fin tendría a alguien con quien hablar. Sin embargo, me di cuenta de que algo no iba bien cuando le vi la cara. —¿Qué pasa?— dije en voz baja.

Gordon me puso la mano en el hombro. —Tienes que hacer las maletas— me dijo, con voz triste.

Le aparté la mano. Me veía de nuevo en Hillcrest. —¿Por qué?— exclamé —¿Qué es lo que he hecho ahora?

Gordon me explicó que no había hecho nada y que sabía lo mal que lo estaba pasando en casa de los Catanze desde que volví. También me explicó que había intentado buscarme una casa con menos niños. —Además— me confesó —tengo un problema. El lunes que viene sale un chico mayor de Hillcrest y le han destinado a esta casa. Así que, vamos, muévete.

Tenía ganas de llorar, pero en lugar de eso eché a correr hacia mi cuarto. Sentía una mezcla de entusiasmo y miedo por no saber qué iba a ser de mí a partir de aquel momento. Abrí los cajones a la velocidad del rayo, solté la ropa de las perchas y metí todo lo que pude en una bolsa marrón de supermercado. A los pocos minutos, me paré un momento para contemplar por última vez la habitación en la que había dormido, llorado, jugado y pasado tanto tiempo reflexionando en poco más de un año. Cuando me parecía que el mundo se hundía a mis pies, siempre me había sentido seguro y a salvo en *mi cuarto*. Mientras trancaba la puerta, cerré los ojos y pensé en lo estúpido que había sido. Las reglas más importantes que aprendí de los demás niños acogidos en casa de tía Mary habían sido no sentirse demasiado apegado a nadie y no sentir como propia ninguna casa. Como un imbécil, había infringido las dos reglas. Fui tan ingenuo como para creer que iba a vivir con Rudy y Lilian para siempre. Cerré los ojos e intenté no llorar.

Cuando Gordon colgó el teléfono después de llamar a otro hogar de acogida, tuvo que separarnos a Lilian y a mí que llorábamos abrazados. La miré a los ojos y le prometí que me portaría bien y que llamaría alguna vez. Mientras tanto, Gordon abrió la puerta de su Chevy Nova marrón, metió mis cosas en el asiento de atrás y me hizo sentar en el auto. Mientras nos alejábamos de la casa, vi las manchas de rimel en la cara de Lilian.

Estaba en la misma ventana del salón en la que yo había pasado tantas horas, esperando la remota posibilidad de una visita de mi padre. Mientras me despedía de Lilian con la mano por última vez, me di cuenta que ella y Rudy me habían cuidado y me habían tratado mejor que mis propios padres.

Ni Gordon ni yo dijimos nada durante un buen rato. Al final, carraspeó: —Oye, Dave, ya sé que todo ha sido muy rápido, pero...

—Pero, ¿por qué?— me quejé.

Gordon se puso tenso. —¡Escucha!— me soltó —Es muy poco común que un niño se quede tanto tiempo en una casa. Lo sabes, ¿no? ¿Y cuánto tiempo llevabas ahí? ¿Más de un año? Pues es todo un récord.

Me hundí en el asiento, sabía que tenía razón. Me había acostumbrado a la situación. Miré por la ventana y vi pasar lugares que me resultaban familiares.

Gordon me distrajo. —David, lo siento. No debería habértelo soltado así, a veces se me olvida lo que pasan los muchachos como tú. En realidad, ayer ya sabía que tenías que ir a otra casa, pero estuve enredado en los juzgados y no pude ir a buscarte. Y, bueno, ahora esa casa ya tiene a otro niño, así, que, bueno, en realidad no sé qué hacer contigo.

—Podríamos volver a casa de los Catanze— sugerí en voz baja.

—Imposible. Ya te he explicado que firmé ayer los papeles de traslado, lo que significa que los Catanze ya no tienen ninguna potestad sobre ti. Bueno, es un poco difícil de explicar. Lo que importa es que tengo que encontrarte una casa.

Gordon intentaba explicarse y yo estaba aterrorizado. Entonces me di cuenta de que me había olvidado de la bicicleta y, peor aún, de la tortuga. Gordon se rió cuando se lo dije, así que le hice cosquillas en el brazo. Sabía lo importantes que eran las dos cosas para mí, pero ambos éramos conscientes de que era mucho más importante encontrarme una casa donde vivir.

Gordon paró en su casa. Se quedó pegado al teléfono mientras pedía, rogaba, a los padres de acogida con los que iba hablando que me tuvieran en su casa, aunque sólo fuera por unos días. Al cabo de varias horas, colgó el teléfono con frustración. —¡Mierda!— dijo. —¡Siempre faltan casas! ¡Y las pocas que hay están llenas!—. Yo le miraba mientras volvía a coger el teléfono. Al cabo de unos segundos, cambió el tono de voz. Aunque me dio la espalda, pude oír como preguntaba con voz calmada: —¿Cuántos hay en el ala A? ¿Sí? Perfecto, guarda una cama para Pelzer. No, no, está limpio. No hay ningún cargo. Sólo le estoy buscando casa y ya no se me ocurre nada. Muy bien, gracias. Te llamaré antes de llegar.

Cuando se volteó para mirarme, se dio cuenta que yo sabía lo que iba a pasar. —Lo siento, David, no sé qué más puedo hacer.

Estaba exhausto. Ya no me importaba. Por extraño que parezca, tenía ganas de incorporarme a la rutina de Hillcrest y de volver a ver a los consejeros como Carl Miguel. Antes de que pudiera decirle a Gordon que me llevara a Hillcrest, chasqueó los dedos, agarró su chaqueta, salió corriendo por la puerta y me dijo que le siguiera hasta el auto. Una vez dentro del carro, me sonrió. —Debería haberlo pensado antes. Una vez que te hayan visto, a los padres les resulta imposible decir que no. Resulta un tanto arriesgado, pero es lo último que nos queda.

Apreté los ojos intentando entender lo que significaban las palabras de Gordon. Antes de que me diera tiempo a preguntar, la inercia me empujó hacia adelante mientras Gordon ponía el auto en punto muerto. —Ya hemos llegado— anunció orgulloso —Procura poner tu mejor cara—. Gordon estaba radiante al golpear con los nudillos en la puerta, un segundo antes de entrar en la casa.

Yo me sentía como un ladrón por entrar en casa de alguien sin pedir permiso. Un par de cabezas salieron de la cocina. —Estate quieto y siéntate— me dijo Gordon señalando un sofá y guiñándome el ojo. Se volteó y abrió los brazos. —¡Harold! ¡Alice! ¡Qué alegría verlos! ¿Cómo están?—. Entonces se metió en la cocina con ellos.

Sacudí la cabeza y sonreí al ver la capacidad de Gordon para cambiar de personalidad. Sabía que, si quería, era capaz de convencer a cualquiera. Me recordaba a esos chiflados que intentan desesperadamente vender automóviles por televisión.

Antes de que Gordon se sentara en la cocina, me di cuenta que teníamos problemas. El hombre, Harold, que llevaba un sombrero de paja, sacudió la cabeza. —No, no caben más. No hay sitio— dijo mientras aspiraba una chupada de su cigarrillo.

Agarré la bolsa, que ya estaba bastante arrugada, y estaba a punto de levantarme cuando la mujer, Alice, dijo: —Vamos, Leo, cálmate. Parece un buen chico—. Me miró y me dirigió una sonrisa. Levanté las cejas y le devolví la sonrisa.

—Ya sabes que no tenemos permiso para acoger varones— dijo Harold.

Gordon aprovechó la ocasión: —Sólo serían unos días, hasta que pueda encontrarle otra casa. Yo creo que el lunes, el miércoles a más tardar, ya tendré algo para él. De verdad, me hacen, le hacen, un gran favor.

—¿Y los papeles?— preguntó Alice.

Gordon levantó un dedo. —Bueno, no los he traído, pero... Los traeré la semana que viene y, pues, pondremos la fecha de hoy... ¡Mira qué hora es! ¡Tengo que marcharme! Mil gracias. Nos vemos la semana que viene— dijo y salió corriendo antes de que Harold y Alice cambiaran de opinión.

Me quedé pegado al sofá, con la bolsa entre los brazos. Miraba al suelo mientras Alice y Harold me miraban y entraban al salón. —¿Y dónde va a dormir?— preguntó Harold con voz fría. Tras una pequeña discusión, Alice decidió que yo compartiría el cuarto de Michelle, una chica de diecisiete años que trabajaba de noche. Harold no dejó de protestar, diciendo que no estaba bien que compartiera la habitación de una jovencita. Para causarle buena impresión, me acerqué a él, le miré a los ojos y dije: —¡No se preocupe! ¡A mí no me importa!

En cuanto lo dije, supe que había metido la pata. Me pasé las cuatro noches siguientes bajo una pila de mantas viejas de lana en el sofá del salón. No sabía por qué había irritado tanto a Harold lo que dije, pero al menos tenía un sitio donde dormir y, aunque sólo fuera por eso, le estaba agradecido.

A la semana siguiente, después de echarle un vistazo a lo que llevaba en la bolsa del supermercado y de despedirme de Alice, la señora Turnbough, me subí al auto de Gordon y nos dirigimos a otra casa de acogida. Me aseguró que había descubierto la casa perfecta, aunque mis nuevos padres de acogida nunca habían tenido niños en casa y habían recibido los permisos el día anterior. Tenía la cabeza llena de emociones. Cuanto más intentaba convencerme de las maravillas de mis nuevos padres, más se veía lo desesperado que estaba Gordon por colocarme en algún sitio.

Un kilómetro más tarde, Gordon estacionó el auto frente a una casa de color marrón. Salí del vehículo, respiré profundo y le dediqué una sonrisa falsa a la mujer que estaba de pie en el porche. Antes de que Gordon pudiera presentarnos, la mujer bajó corriendo las escaleras y me apretó contra el pecho. Me colgaban los brazos mientras la mujer me acariciaba la cara con manos que parecían de papel de lija. No sabía muy bien qué hacer. Pensé que me confundía con otro niño. Al cabo de un buen rato de pellizcos en la mejilla y abrazos que casi me ahogan, la mujer me miró sosteniéndome con los brazos. —Pero, ¡qué lindo!— dijo y me sacudió tan fuerte que la cabeza me daba vueltas. —Está para comérselo. Gordon, es tan lindo. David— me dijo mientras me arrastraba escaleras arriba hacia la casa — ¡llevo años esperando a un niño como tú!

Entramos en un pequeño salón y tuve que hacer un esfuerzo para no perder el equilibrio. Cuando pude calmarme, la mujer me sentó en el sofá. Gordon intentó calmarla haciéndole leer montones de papeles que le permitirían obtener mi custodia. Por fin consiguió sentarla y le explicó todo lo que pudo sobre mi carácter, una y otra vez, insistiendo en que debía llamarle si tenía alguna duda. —Oh, no te preocupes— dijo la señora mientras me sonreía y me tomaba la mano —seguro que un niño tan bueno no causará ningún problema.

Gordon y yo nos guiñamos el ojo a la vez. —Bueno— dijo con una sonrisa —me voy. Así pueden conocerse mejor.

Acompañé a Gordon a la puerta. Sin que ella se diera cuenta, se agachó y me susurró: —Ahora a ser un *niñito* bueno—. Me encogí de hombros, como Gordon esperaba.

Cuando Gordon se hubo ido, la mujer saltó al sofá. Se pasó varios minutos parpadeando y moviendo la cabeza de un lado a otro. Pensaba que se iba a echar a llorar. —Pero, ¡qué lindo!

Le devolví la sonrisa y, sin pensarlo, le di la mano. —Me llamo David Pelzer.

La mujer se tapó la boca con la mano. —Oh, ¡qué tonta soy! Yo me llamo Joanne Nulls, y puedes llamarme señora Nulls. ¿Qué te parece?

Asentí, consciente de que Joanne me veía más como un niño que como el adolescente de trece años que tenía delante —Es muy amable... señora Nulls— contesté.

La señora Nulls se levantó del sofá y me enseñó una foto enmarcada de su marido. —Éste es Michael— dijo, melosa. —El señor Nulls. Trabaja en la oficina de correos—. Afirmó, mientras arrullaba la fotografía y la acariciaba como si fuera un bebé. Me sentí mejor cuando conocí al señor Nulls, que insistió en que le llamara Michael. Por la cara que puso Joanne, me di cuenta de que no le gustaba que su marido fuera tan campechano ni que se saltara sus normas.

Ella se contenía cuando Michael estaba delante, pero en cuanto se iba a trabajar, volvía a tratarme como si fuera un muñeco. Joanne insistía en lavarme la cabeza ella misma, no me dejaba ir en bicicleta más allá de la esquina y, en lugar de la semanada de $2.50 que me daban los Catanze, me puso dos monedas de veinticinco centavos en la palma de la mano. —No te lo vayas a gastar todo de golpe— me previno.

—No se preocupe, seguro que no— le dije, mientras pensaba qué iba a hacer con aquella miseria.

Como Joanne no me dejaba hacer casi nada, me pasaba el día dando vueltas por su casa. El salón estaba lleno de cachivaches de lo más cursis. Me pasaba horas mirando las diferentes figuritas y adornos. A primera hora de la tarde, estaba tan aburrido que me sentaba frente al televisor y miraba dibujos animados de Speed Racer. Cuando me hartaba de los dibujos animados, me arrastraba hasta mi cuarto y mataba el tiempo pintando en un cuaderno que Joanne me había dado.

Intuía cuando no iban bien las cosas, igual que cuando vivía con mi madre. Aun con la puerta de mi cuarto cerrada, podía escuchar las discusiones a media voz que se transformaban en batallas campales. En multitud de ocasiones oí a Michael quejarse de mi presencia en su casa. Yo sabía que la idea de acoger niños había sido de Joanne porque, según me dijo, se sentía sola y no podía tener hijos. Cuando Joanne y Michael se peleaban, me imaginaba a mi padre y mi madre. Era consciente de que no estaba en peligro, pero me escondía en un rincón del cuarto con una manta en la cabeza. Una vez, pocos días antes de que empezara el colegio, se gritaron de tal manera que vibraron hasta las ventanas de mi cuarto.

A la mañana siguiente, intenté hablar con Joanne, que parecía al borde un ataque de nervios. Me pasé todo el día sentado en el sofá, mientras ella acariciaba la foto de su boda y se mecía en una silla. Procurando no hacer ruido, fui a mi cuarto y guardé mi ropa en la bolsa de papel marrón del supermercado. Sabía que sólo era cuestión de tiempo el que tuviera que irme a otra casa.

Mis problemas con los Nulls palidecieron el primer día que fui a la secundaria Parkside. Me senté en una de las mesas de la clase que me correspondía, alto y seguro de mí mismo. Sonreía a los otros muchachos, que hacían bromas. Uno de ellos, Stephen, se burlaba de mí y me decía que una de las chicas de la otra mesa no dejaba de mirarme. —¿Y qué?— pregunté. —¿Cuál es el problema?

—Si te gusta una chica, tienes que decirle que es una ramera— me explicó Stephen.

Miré a los demás. Mientras procuraba entender la palabra que Stephen quería que dijera, los demás asintieron. Practiqué con mis nuevos amigos y para hacerme el duro me acerqué a la chica y le susurré: —Eres la ramera más bonita que nunca he visto.

Toda el aula, hasta entonces ruidosa y agitada, se quedó en silencio, como en una iglesia. Todos se voltearon a mirarme. Las chicas de la mesa se taparon la boca con las manos y yo tragué saliva. Había vuelto a meter la pata, para no perder la costumbre.

Cuando se acabó la clase, todo el mundo corrió hacia la puerta. Cuando salí de la clase, el sol se apagó. Levanté la vista y me encontré con el chico más alto que había visto nunca. —¿Qué le has llamado a mi hermana?— me preguntó.

Tragué saliva. Intenté pensar en algo inteligente que decir, pero en lugar de eso le conté la verdad. —Ramera— susurré. Un segundo más tarde me salía sangre de la nariz. El puño del muchacho fue tan rápido que ni siquiera lo vi venir.

—¿Qué le has llamado?— volvió a pareguntar.

Cerré los ojos antes de repetir la palabra.

Otro puñetazo.

Después de recibir seis golpes en la cara, me di cuenta de que no tenía que decir la palabra "ramera" porque significaba algo terrible. Le pedí disculpas al gorila, que me pegó de nuevo y me amenazó: —¡No se te ocurra volver a llamar *puta* a mi hermana!

Aquella tarde, en casa de Joanne, me quedé en mi cuarto e intenté arreglar la montura de las gafas. No me di cuenta de que Joanne también estaba metida en su cuarto. Pasaron los días y me moría de ganas de preguntarle a ella o a Michael qué era una "puta", pero por la forma en que se comportaban sabía que mejor me guardaba mis problemas para mí solo.

Un par de semanas más tarde, al volver de la secundaria, me encontré a Joanne con la cara entre las manos. Corrí hacia ella. Me dijo que ella y Michael iban a divorciarse. La cabeza me daba vueltas. Me senté a sus pies y me contó que Michael se entendía con otra mujer. Asentí mientras ella lloraba, pero no acababa de comprender qué quería decir eso. Sabía que era mejor no preguntar.

La abracé mientras lloraba hasta que se durmió. Estaba orgulloso de mí mismo. Era la primera vez en mi vida que me había ocupado de alguien. Apagué la luz del salón y tapé a Joanne con una manta antes de comprobar que tenía todo metido en la bolsa de papel marrón. Me tumbé en la cama; sabía que yo era una de las causas del divorcio de los Nulls. Dos días más tarde me despedí de Joanne, que lloraba en el porche mientras Gordon aparcaba su Chevy Nova.

Me metí la mano en el bolsillo del pantalón y saqué un trozo de papel con las direcciones y los números de teléfono de las casas en las que había vivido. Con un bolígrafo que me dejó Gordon, taché la línea de Joanne y Michael Nulls. No sentía remordimientos. Sabía que si pensaba en lo que sentía por Joanne Nulls, Alice Turnbough o Lilian Catanze me derrumbaría y me echaría a llorar. Estaba por encima de eso. Guardé el papel con cuidado y me lo volví a guardar en el bolsillo.

Me quité de la cabeza cualquier sentimiento que pudiera tener hacia los Nulls o hacia cualquier otra persona mientras miraba por la ventanilla del auto. Parpadeé. Por un momento pensé que Gordon me llevaba a Daly City. —¿Seguro que te sabes el camino?— le pregunté con voz asustada.

Gordon suspiró. —David, esto... se nos han acabado las casas de acogida. La única que queda es una que está cerca de la de tu madre.

Creí que me atragantaba. —¿Qué tan cerca?— susurré.

—A menos de dos kilómetros— me replicó con voz seca.

Giré la cabeza para ver mejor la Escuela Primaria Thomas Edison. Calculé que desde mi antigua escuela hasta la casa de mi madre habría más o menos dos kilómetros. Sentí que se me cargaba el pecho; me ponía muy nervioso pensar que tenía que vivir tan cerca de ella. Algo parecía haber cambiado. Apoyé la cara en la ventana. La escuela se veía diferente. —¿Qué ha pasado?— pregunté, agitando la cabeza.

—Oh, ahora es una secundaria. Allí es donde vas a ir a clase.

Suspiré. *¿No hay nada que no cambie?*, me pregunté sarcástico. Me emocionaba pensar que vería a los profesores que me habían ayudado tanto, pero pronto se me pasó. Sólo cuando Gordon dejó atrás la escuela y nos dirigimos en dirección opuesta a la casa de mi madre pude respirar un poco mejor. Me sentía como en una máquina del tiempo mientras el Chevy Nova avanzaba entre una manzana de casas idénticas a la de mi madre en Crestline Avenue. Parecía increíble lo pequeñas que se veían. Sin embargo, cosa rara, me sentía seguro. Sonreí mientras contemplaba extasiado las palmeras de los jardines de las casas unifamiliares que ahora me parecían tan pequeñas. No podía creer que hacía casi dos años que me sacaron de allí. Bajé la ventanilla, cerré los ojos y aspiré el aire fresco y húmedo.

Gordon estacionó el auto en lo alto de la colina. Le seguí por unas escaleras coloradas hacia una casa que parecía idéntica a la de mi madre. Cuando se abrió la puerta, casi me caigo al suelo. Gordon se agachó: —¿Pasa algo? No eres racista, ¿verdad?

Negué con la cabeza mientras intentaba no poner cara de bobo. —¿Racista yo?— pregunté. Nunca había tenido unos padres de acogida negros. Una señora alta me dio la mano y me dijo que se llamaba Vera. Como un autómata, ocupé mi posición en el sofá mientras Gordon y Vera hablaban en la cocina. Observé con atención cada rincón, cada pedazo de la casa de Vera. La distribución era la misma. Recordaba que las paredes de la casa de mi madre apestaban a humo de tabaco y a orines de los animales, pero la casa de Vera se veía limpia, ventilada. Cuanto más la miraba, más me gustaba.

Unos minutos más tarde, Gordon se sentó a mi lado en el sofá. Me puso una mano en la rodilla y me recordó que la casa de mi madre y un radio de una milla alrededor de ella era territorio prohibido. Asentí, entendía lo que me quería decir, pero tenía miedo de que mi madre me encontrara.

—¿Le vas a decir dónde estoy?

—Bueno— empezó Gordon, mientras intentaba buscar las palabras adecuadas —la ley sólo me obliga a indicarle que vives en el término municipal. No veo la necesidad de contarle nada más. Como puedes suponer, no es santo de mi devoción—. Entonces le cambió la cara. —Y, por amor de Dios, ¡mantente alejado de ella! ¿Está claro?

—Sí, señor— contesté, poniéndome firme.

Gordon me dio una palmada en la rodilla y se levantó. Le acompañé a la puerta y le di la mano. Que me dejara en una casa nueva era lo más difícil de nuestra relación, pero también lo más habitual. Siempre tenía un poco de miedo y él siempre parecía darse cuenta. —Estarás bien aquí. Los Jones son buena gente. Vendré a verte dentro de unas semanas.

Vera cerró la puerta con cuidado y me acompañó por un estrecho pasillo. —Lo siento, pero no te esperábamos— me explicó con voz amable, mientras abría la puerta del cuarto que había al final del pasillo. Entré en una habitación medio vacía de paredes blancas, en la que había un colchón tamaño twin, de un lado, y un *box-spring,* del otro. Vera me explicó que iba a compartir el cuarto con su hijo pequeño. Le sonreí educadamente mientras me dejaba solo en el cuarto. Con mucho cuidado fui sacando la ropa de mi bolsa del supermercado y la coloqué en pilas sobre la cabecera del *box-spring.* Pasé un buen rato reacomodando mi ropa, como si estuviera en una gaveta. Entonces cerré los ojos y lloré en mi interior al pensar que nunca volvería a estar con los Catanze.

Aquella tarde me presentaron a los otros siete niños acogidos que vivían en una habitación junto al garaje. Había colchones por todas partes, en cada rincón. Un par de lámparas viejas le daban una luz tenue a la habitación y en las estanterías prefabricadas se apilaban las cosas de los adolescentes. Cualquier ansiedad que hubiera podido sentir se esfumó cuando conocí a Jody, el marido de Vera, que se reía como Santa Claus mientras me levantaba tan alto que pensaba que me iba a dar con la cabeza en el techo. Muy pronto me di cuenta de que, pasara lo que pasara, en cuanto Jody llegaba a casa, todos dejaban lo que estaban haciendo y competían para ganarse su atención. Aunque la casa fuera sencilla, había verdaderos lazos de familia. Sólo deseaba poder quedarme lo suficiente para llegar a aprenderme de memoria su número de teléfono.

Mi primer día en la secundaria Fernando Riviera fue mucho mejor que el primero en Parkside, de San Bruno. Mantuve la boca cerrada y la mirada baja. Durante el recreo intenté saber qué había sido de mis antiguos maestros y descubrí que los habían destinado a otras escuelas del distrito. Me sentía triste y vacío, hasta que me hice amigo de Carlos, un chico hispano muy tímido. Parecíamos tener mucho en común, pero, a diferencia de mi "amigo" John en la primaria Monte Cristo, Carlos era un trozo de pan. Como no hablaba inglés demasiado bien, no sentíamos la necesidad de hablarnos mucho. De forma extraña, Carlos y yo sabíamos lo que pensaba el otro, sólo por la expresión de la cara. Pronto nos hicimos inseparables. Al salir de clase nos encontrábamos en las taquillas para volver juntos a casa.

Un día, muerto de aburrimiento, convencí a Carlos para que me acompañara a la nueva Escuela Primaria Thomas Edison, que estaba al otro lado de la calle. Mientras avanzábamos por los pasillos, no podía creer lo pequeños que me parecían los niños. Montones de criaturas se reían mientras salían corriendo al recreo o a buscar a sus padres. Volteé una esquina sin mirar y me tropecé con un chico mayor. Pedí perdón y me di cuenta de que se traba de mi hermano Russell. Me miró un segundo, sorprendido. Yo le observé de arriba abajo. Pensé que Russell iba a soltar un berrido, pero no podía dejar de mirarle. Parpadeó. Me sentía tenso, como cuando sabía que tenía que echar a correr. Agaché la cabeza cuando Russell abrió la boca. Respiré hondo y pensé: *Bien, David, ahí vamos.*

—¡Me cago en... ! ¡Dios mío! ¡David! ¿De dónde... ? ¿Cómo estás?— me preguntó con voz entrecortada.

Pensé en todas las opciones que se me presentaban. ¿Era Russell de verdad? ¿Me pegaría o saldría corriendo a contarle a mi madre que me había visto? Me volteé y miré a Carlos, que se encogió de hombros. Me moría de ganas de abrazar a Russell, pero no sabía qué decirle: —Yo, este... estoy bien— dije, sacudiendo la cabeza. —¿Y tú estás bien? Quiero decir, ¿cómo estás? ¿Cómo van las cosas en casa? ¿Y mamá cómo está?

Russell bajó la cabeza y se miró los tenis desgastados. Me di cuenta de que tenía un aspecto muy desastrado. Llevaba una camisa raída y tenía unas pequeñas manchas moradas en los brazos. Levanté la cabeza y le miré a la cara. Lo sabía. Sacudí la cabeza, sin saber qué decirle. Lo sentía por él. Yo había sido el único objeto de la rabia de mi madre durante años. Ahora tenía frente a mí a mi sustituto.

—¿Tienes idea de lo que me hará si se entera de que he estado hablando contigo?— me dijo, en voz baja. —Las cosas están mal. Muy mal. Se pasa el día quejándose. Bebe más que nunca. Todo lo hace más que nunca— dijo Russell, con la mirada clavada en los tenis.

—¡Puedo ayudarte!— dije, con sinceridad. —¡De verdad!

—Yo... tengo que marcharme— me soltó mientras salía corriendo— luego se detuvo y se volteó. —Nos vemos aquí mañana después del colegio—. Entonces me dedicó una enorme sonrisa: —Me alegro de verte, muchacho.

Me acerqué, tenía ganas de estar junto a él. Le

di la mano. —Gracias, muchacho. Nos vemos.

Después le sonreí a Carlos: —Ése es mi hermano.

Carlos asintió: —¡Sí, hermano! ¡Sí!

Me pasé el resto de la tarde pensando en Russell. Me moría de ganas de verle al día siguiente. *¿Qué puedo hacer?*, pensé. ¿Podría venir conmigo a casa de Vera y Jody para que Jody llamara a la policía y le rescataran como hicieron conmigo? ¿Me había imaginado que las marcas en los brazos de Russell eran consecuencia de los malos tratos y no de algún juego? Pensé que quizás Russell me estuviera tendiendo una trampa, como había hecho años atrás cuando me puso caramelos en el bulto del colegio y salió corriendo a decirle a mi madre que me había pillado robando. Entonces tuvo el privilegio de ver como recibía el castigo por mi *crimen*. Madre había entrenado a Russell para que fuera su espía, pero entonces no era más que un niño.

Aquella noche no paré de dar vueltas en mi cuarto, sin dejar de pensar en lo que debía hacer. Al final, de madrugada, conseguí dormirme. Soñé con que la esperaba a *ella*. Me volteaba cuando escuchaba la respiración entrecortada de mi madre. Nos mirábamos un segundo y yo caminaba hacia ella. Quería hablar con ella, preguntarle, rogarle, ¿por qué yo? ¿por qué Russell? Abría la boca pero no me salían las palabras. De pronto, la cara de mi madre se puso roja como un tomate. *¡No!*, grité. *¡No puedes seguir tratándome así! ¡Se acabó!* Entonces apareció un cuchillo afilado y brillante sobre la cabeza de mi madre. Traté de voltearme y salir corriendo, pero los pies no me respondían. Intenté chillar. Seguí el cuchillo con la vista mientras ella lo lanzaba. Sabía que estaba muerto. Grité para salvar la vida, pero ni siquiera podía oírme.

Acabé con la cabeza en el suelo. Me agarré de donde pude para ponerme de pie. Estaba solo en una habitación oscura, sin tener muy claro si estaba despierto o aún dormía. Me froté los ojos, buscando alguna luz. Tenía el corazón en la garganta. *¡Dios mío!*, me dije. *¿Y si sigo aquí con ella?* Respiré aliviado cuando reconocí los sonidos del hijo de Jody que roncaba en su cama. Agarré una pieza de ropa y la mantuve pegada a mi pecho hasta que amaneció.

Al día siguiente, tuve que llevar a Carlos a rastras hasta la escuela Thomas Edison. —No buena idea—, me dijo Carlos en su mal inglés. —Tu *mamacita* loca— afirmó, mientras se señalaba un lado de la cabeza con el dedo. Asentí. Después de la pesadilla, había decidido que nada me impediría ver a Russell. Carlos y yo nos paramos en el mismo pasillo del día anterior. Los niños gritaban mientras corrían entre nosotros. Cuando nos acercamos a las clases de los mayores, giré la cabeza para buscar a Russell. Lo encontré al final del pasillo con la cabeza baja. —¡Russell!— le grité. —¡Estamos aquí!—. Movió la cabeza pero no me miró como había hecho el día anterior.

Sentí que alguien me agarraba del brazo. Miré enfadado a Carlos, que daba vueltas a un lado y a otro. —Esto está mal. Tu mamá loca— me avisó.

—¡Para!— le dije, con la vista fija en la cabeza de Russell. —Mi hermano... sí, mi hermano, necesita que le ayude— dije señalando a Russell, que aminoró el paso.

Me eché hacia delante, pero Carlos me agarró el brazo. —¡No!— me gritó. —¡Tú espera aquí!

Le aparté la mano. Me acerqué hasta Russell tras sortear una marea de niños. Sin dejar de andar, le extendí la mano. Russell me vio, pero por alguna razón no levantó la cabeza. Me paré.

Me temblaban las piernas y mi brazo colgaba en el aire. Aun antes de que Carlos gritara, sabía que pasaba algo malo. —¡Corre, David!— me gritó Carlos. —¡Corre!

Miré por encima de la cabeza de Russell y vi a mi madre que avanzaba tras él con la cabeza gacha. Cuando le vi la cara me dirigió una mirada fría y malévola. Los niños que corrían por el pasillo parecía que bailaban alrededor de ella. Russell se paró a escasa distancia de mí y se volteó hacia mi madre, que le sonrió. Mientras se acercaba, se metió la mano en el bolso. Por una milésima de segundo pareció dudar, mientras sacaba una pieza de metal brillante...

Perdí el equilibrio cuando me agarraron del brazo. Me caí de espaldas, sin dejar de mirar a mi madre. Carlos me arrastraba hacia atrás. Sabía que todo era un sueño, pero la presencia de Carlos lo hacía real. Intenté ponerme de pie, con la ayuda de Carlos.

Parpadeé y vi como los dedos huesudos de mi madre se acercaban a mi cuello. Estaba tan cerca que pude oler su aliento pútrido. Carlos y yo apartamos a los niños y salimos corriendo. Mientras huíamos, me volteé. Mi madre agarró a Russell y apretó el paso. Carlos me cogió de la mano y me llevó al estacionamiento. Tenía el pecho apretado, de miedo y por falta de oxígeno. Los brazos me colgaban y no me respondían. Corrí al estacionamiento y me volteé a ver si nos seguían. Buscaba a mi madre o a Russell. Sin darme cuenta, me tropecé con el borde de la cera y perdí el equilibrio, aunque intenté evitarlo moviendo la cabeza mientras saltaba por el aire. Un segundo más tarde, fui a dar contra el capó de un auto que avanzaba por el estacionamiento. La conductora me miró alucinada mientras yo intentaba agarrarme a algo para no resbalar por el capó y caer al suelo. No llegué a coger los limpiaparabrisas y acabé resbalando por la parte delantera. Cerré los ojos y sentí como caía frente al auto. Me ardían las orejas del chillido que pegué.

Un poco más tarde, di con la cabeza contra el suelo y oí el ruido de unos frenos. Me protegí la cabeza con las manos. Entre la gente se oía a alguien gritar. Cerré los ojos y respiré hondo. Después, abrí la mano y miré entre los dedos. Tenía un neumático a escasos centímetros de la cara.

Carlos me agarró del suelo. Le pasé un brazo sobre el cuello y me llevó hasta la acera. Miré al auto. Una mujer joven salió volando del vehículo y se quedó de pie, anonadada.

Sin pararse un minuto, mi madre avanzaba a toda velocidad hacia su camioneta.

Sin que yo dijera una palabra, Carlos comprendió

mi miedo. Las piernas no me respondían, por lo que prácticamente tuvo que arrastrarme colina arriba, la misma colina por la que corría de pequeño hasta llegar a los brazos de mi madre que me esperaba para que nos fuéramos al río. Aquella misma colina era ahora mi perdición. Se me enredaron las piernas, me raspé la rodilla contra el bordillo y me dolían los dientes del golpe.

Desde lo alto de la colina, Carlos y yo vimos grupos de niños y adultos que nos señalaban con el dedo. Miré las hileras de autos que salían del estacionamiento. No sabría en qué dirección huir hasta que no viera a mi madre. Al cabo de un rato, sacudí la cabeza: —¡Se ha ido! ¡No está aquí!

Carlos me agarró del brazo dolorido. —¡Allí!— me dijo. Mi madre había subido la colina en un santiamén. Tenía una expresión rabiosa mientras tocaba el claxon como una loca. El tráfico le impedía girar a la izquierda. Carlos y yo nos miramos y salimos corriendo por otra colina hacia la casa de él. Sacaba fuerzas de flaqueza y mis oídos distinguían los sonidos del silenciador de la vieja camioneta de mi madre.

Carlos y yo subimos corriendo las escaleras de su casa. Se metió la mano en el bolsillo y buscó las llaves de la puerta. —¡Vamos!— le rogué. Se le cayeron las llaves de las manos. Aunque podía oír como se acercaba el auto de mi madre colina arriba, me quedé quieto y observé el reflejo de la luz sobre las llaves que caían escaleras abajo. *¡Unas llaves!*, me dije. *¡Mi madre no sacaba un cuchillo del bolso! ¡Eran unas llaves!*

Un grito de Carlos me sacó de mi encantamiento. Bajé corriendo las escaleras, y le tiré las llaves a Carlos, que por fin consiguió meter una en la cerradura y abrir la puerta. Subí la escalera a gatas, me metí en casa de Carlos y cerré la puerta de golpe. No había nadie en la casa. Nos arrastramos hasta la ventana del salón, pegados al suelo, y miramos a través de las cortinas, mientras la camioneta de mi madre avanzaba por la calle. Carlos y yo nos echamos a reír, hasta que oí el sonido del auto de mi madre, que frenaba cada pocos metros para inspeccionar cada casa. —Nos está buscando— susurré.

—Sí— respondió Carlos —tu mamá loca.

Tras pasar más de una hora escondidos detrás de las cortinas, Carlos me acompañó un tramo del camino hasta casa de Jody. Nos sonreímos. Le brillaban los ojos. —Igual que James Bondo, ¿verdad?

—Sí— me reí. —¡James Bondo!—. Le di la

mano y le dije que le vería al día siguiente. Le observé bajar la calle y desaparecer al doblar la esquina. Nunca más le he vuelto a ver.

Subí corriendo por las colinas y no paré hasta cerrar la puerta de casa de Jody. Respiré aliviado detrás de la puerta hasta que me di cuenta de que Vera y Jody estaban discutiendo en la cocina. Solté una mala palabra. Mi madre debía de haber llamado. Pasé junto a la cocina y me fui a mi cuarto, a la espera de que me llamaran. Sentado en el *box-spring,* me di cuenta de que había infringido una de las reglas más importantes que me había indicado Gordon Hutchenson: mantenerme alejado de mi madre. Ya me veía otra vez en el centro de detención juvenil.

Al cabo de unos minutos, me apoyé en la puerta de la habitación para escuchar mejor la discusión. Descubrí que Vera y Jody no discutían sobre mí, sino sobre una chica. Abrí la puerta y bajé las escaleras sin hacer ruido hasta la habitación de los chicos mayores. Todos se voltearon a mirarme. Tenían las caras largas y serias. Se les veía muy atareados, agachados mientras metían su ropa y otras cosas en bolsas marrones y fundas de almohada. Sabía que pasaba algo, pero tenía que preguntar de todas formas: —¿Qué pasa? ¿Qué hacen?

Bobby, el mayor de los muchachos, me dijo: — Cierran la casa. Más vale que recojas lo que tengas porque mañana estamos fuera de aquí.

Abrí la boca, sin acabar de creérmelo: —¿Por qué? ¿Qué ha pasado?

Nadie me respondió. Me acerqué al pie de las escaleras y agarré a Bobby de la camisa. Me miró, se veía que había estado llorando. No sabía que los chicos mayores hicieran eso. Bobby sacudió la cabeza. —Han acusado a Jody de estupro.

—*Estu*... ¿qué?— pregunté.

—Mira, chico, dicen que los Jones acogieron a una chica hace unos meses y ahora la tipa dice que la violaron, aunque Jody no ha estado nunca solo en casa con ella. Si quieres saber mi opinión, me parece que todo es una mentira. La tipa está loca— dijo Bobby. —Vete a recoger tus cosas y no te olvides de mirar entre la ropa sucia. ¡Anda, muévete!

Tardé menos de un minuto en guardar mis cosas. Mientras lo metía todo en la bolsa de papel marrón, procuré no preocuparme por los Jones. Eran buena gente y lo sentía por Jody y Vera, pero mis escasas pertenencias eran más importantes. Eran una cuestión de supervivencia.

A la mañana siguiente, se presentó una flotilla de automóviles y uno a uno todos los chicos acogidos nos fuimos despidiendo. Le di un beso en la mejilla a Vera y acaricié la barriga de Jody. Mientras el asistente social me conducía entre las colinas, dejando atrás mi escuela, saqué la lista de direcciones y borré a los Jones. Había pasado un poco más de dos meses en su casa, mi tercer hogar de acogida en medio año.

El asistente social me dijo que algunos de los otros chicos con los que vivía acabarían en el centro de detención porque no había casas suficientes para acogerles. También me explicó que Gordon no había podido venir porque estaba enfermo. Pero, me dijo sonriente, Gordon le había dicho de una casa en la que quizás pudiera quedarme unos días.

Me moví y asentí con la cabeza. *Sí, sí,* me dije. *¿Cuántas veces he oído lo mismo?*

Un par de horas más tarde, bajé del auto y me vi en el salón de Alice Turnbough. La abracé con pasión. Al cabo de un minuto, el asistente social llamó a la puerta antes de entrar. —¿Se conocen?— preguntó sorprendido. Agité la cabeza como si fuera un perrito. —Señora Turnbough, este... ya sé que no le hemos avisado, pero hemos tenido un problema... ¿Podemos dejar aquí a David... sólo por unos días?— le rogó.

—Bueno, en realidad no hay sitio y no puede compartir una habitación con las chicas. ¿No hay otra... ?

Me sentí fatal. Me moría de ganas de quedarme con Alice. Los ojos se me llenaron de lágrimas cuando miré al asistente social, que no sabía muy bien qué hacer. Entonces miré a Alice, que tampoco sabía cómo reaccionar.

Alice sacudió la cabeza. —No me parece lo más adecuado, para David, quiero decir...

Hubo un momento de silencio. Solté a Alice y miré al suelo. —Está bien— dijo Alice, poco convencida —¿Puede al menos decirme cuánto tiempo se va a quedar? Supongo que puede volver a dormir en el sofá. Eso si a ti no te importa, David.

Cerré los ojos un buen rato. No podía dejar de dar vueltas a lo que me estaba ocurriendo. No me importaba. No me importaba dormir en un sofá o en una cama de pinchos. Lo único que quería era poder quedarme en algún lugar al que pudiera considerar *mi casa*.

CAPITULO

9

Paso a paso

Mi estancia con los Turnbough progresó paso a paso. Los días se convirtieron en semanas y yo seguía sin noticias de mi próximo destino. Frustrada por la situación, Alice me matriculó en la secundaria Parkside. Aunque estaba contento de volver a ver a mis profesores, no acababa de sentirme bien. Cada vez que volvía a casa de Alice al salir de clase, tenía miedo. Miraba desde la esquina para ver si había algún auto del condado, que me llevaría a otro lugar. Cada día le preguntaba a Alice, desesperado por tener noticias de Gordon Hutchenson. Quería saber qué iba a ser de mí.

Las semanas se convirtieron en meses y yo seguía durmiendo en el sofá y sacando la ropa de la bolsa del supermercado. La ropa estaba mohosa y olía mal porque sólo la lavaba los sábados por la tarde después de las tres o los domingos, los únicos momentos en que estaba seguro de que no tendría que salir corriendo. Tras olvidar la tortuga en casa de los Catanze, no quería correr el riesgo de volver a perderlo todo. Cada noche, cuando todo el mundo se había acostado, le rezaba a Dios para que Gordon decidiera mi destino al día siguiente.

Un día, al volver a casa de Alice después de clase, me sentó en el sofá. Tragué saliva y esperé lo peor, pero no había noticias sobre mi destino. Alice me explicó otra cosa: al día siguiente tenía que ir a ver a un psiquiatra. Negué con la cabeza. Alice me explicó que entendía los problemas que había tenido con el otro médico. Me sorprendió que supiera tanto de mi pasado, cuando yo no le había contado nada. —¿Así que ha estado hablando con mi oficial de probatoria y él no se digna venir a verme?— pregunté, avergonzado.

Alice me explicó que estaba haciendo lo posible para que pudiera quedarme con ella, pero que se necesitaba tiempo para que le dieran el permiso para acoger varones en su casa.

—Pero no te preocupes— afirmó. —Harold y yo hemos pensado que nos gustaría que te quedaras con nosotros por un tiempo.

Sin pensarlo dos veces, le di un beso. Entonces reflexioné sobre lo que acababa de decir y la miré sorprendido: —¿Quiere decir que Harold también quiere que me quede?

Alice se rió. —Que no hable mucho no significa que no te quiera. Sólo es que le cuesta entenderte. Me parece que eso le pasa a mucha gente. Pero, créeme, si Harold no te quisiera, no estarías aquí—. Me tomó de las manos. —El viejo Leo te quiere más de lo que puedas imaginar.

Lo que me dijo Alice sobre Harold significaba mucho para mí. Desde que le dije aquello de compartir la habitación con una de las chicas, sentía que le parecía un bicho raro. Nunca me hablaba. Cuando soltaba alguna palabra en mi dirección, era para decirme que leyera en lugar de mirar la televisión. Cada noche, después de cenar, Harold sacaba una novela del Oeste y fumaba sus cigarrillos Camel antes de irse a la cama, a las nueve en punto.

Yo le tenía un gran respeto, aunque él nunca lo supo. Era un carpintero apasionado por su trabajo. Yo deseaba quedarme con ellos lo suficiente como para que Harold me enseñara algunas cosas del oficio. Desde que era un niño, había soñado con construir una cabaña en el Russian River, así que a veces me imaginaba que estaba con Harold y trabajábamos juntos, con la esperanza de que eso nos hiciera sentirnos más unidos. Pensaba que quizás entonces podría demostrarle lo que valía.

Al día siguiente, después de mucho discutir con Alice, me subí a un autobús y fui a ver a mi nuevo psiquiatra, el doctor Robertson, que resultó ser completamente diferente del "gran médico" que había tenido antes. Me dio la mano al saludarme y me dijo que le llamara por su nombre, Donald. La brillante luz del sol llenaba su consulta, pero lo que más me gustó fue que me trató como a una persona.

Durante las visitas semanales al doctor Robertson, nunca me sentí obligado a hablar de nada, pero pronto me descubrí contando cosas de mi pasado. Le preguntaba montones de cosas al doctor; incluso si yo iba a acabar como mi madre. El doctor Robertson intentaba cambiar de conversación, pero yo luchaba por conseguir mi objetivo y obtener alguna respuesta. Aprendí a confiar en él mientras me guiaba por el marasmo que era mi pasado.

Tanto insistí que el doctor Robertson me sugirió algunos libros para que me iniciara en temas de psicología. Al poco tiempo, Harold y yo parecíamos discutir sobre quién analizaba a quien, mientras yo intentaba leer los libros sobre autoestima de Norman Vincent Peale u otros sobre las partes oscuras de la personalidad, como *Tus zonas erróneas.* Me intrigaba la teoría de la jerarquía de necesidades del doctor Abraham Maslow. A veces me veía superado por el vocabulario difícil, pero seguía leyendo con empeño y muy pronto comprendí que había progresado mucho sólo con llegar hasta donde lo había hecho. Aunque había una parte de mí que se sentía rara y vacía, me di cuenta de que yo era más fuerte que la mayoría de los chicos del colegio, que parecían vivir en un mundo "normal".

En casa de Alice, me fui abriendo poco a poco a ella. Hablábamos todo el tiempo, a veces hasta altas horas de la madrugada. Nunca me preocupó cómo hablaba o qué era lo que decía. Si me ponía nervioso y empezaba a tartamudear, Alice me enseñaba a hablar más despacio y me hacía imaginar las palabras que iba a decir antes de pronunciarlas. Al cabo de unas semanas desaparecieron mis problemas de dicción.

Cada sábado por la tarde, después de ver juntos el programa musical *American Bandstand,* Alice y yo cruzábamos las vías del tren para ir al mismo centro comercial al que la señora Catanze me había llevado a comprar ropa. Veíamos una película, la única forma que tenía Alice de conseguir que me estuviera quieto un buen rato. Sentado a su lado, cruzaba las manos y observaba atento cada escena. Intentaba adivinar qué pasaría más tarde. Me fascinaban los guiones complicados y ver cómo el director conseguía crear un conjunto coherente. Después de la película, Alice y yo nos intercambiábamos una y otra vez nuestras críticas.

En otras ocasiones, sin razón aparente, me compraba juguetes, porque sí. Primero me sentía raro y pensaba que no me los merecía, en parte porque no estaba acostumbrado a que me hicieran regalos y también porque sabía lo duro que trabajaba Harold y cómo ahorraba cada céntimo. Con el tiempo, aprendí a aceptar regalos. Fue una lección muy dura de aprender.

El regalo más importante que me hicieron los Turnbough fue la oportunidad de ser un niño, mientras me preparaban para la vida de adulto. Para demostrarles lo mucho que significaban para mí, una tarde en la mesa de la cocina (la famosa "mesa de la conversación"), me saqué un viejo pedazo de papel del bolsillo del pantalón y lo rompí en mil pedazos. —¿Se puede saber qué significa eso?— preguntó Harold mientras Alice se echaba a llorar.

—Ya no lo necesito— dije. —Ya me aprendí su número de teléfono. ¿Quieren que se lo diga?—. Alice asintió. —Es el 555-2647— dije, orgulloso, mirando fijamente a los ojos azules de Harold.

—Bueno, tal vez ha llegado el momento de cambiar el número— dijo, mientras me guiñaba el ojo.

Siempre que Alice y yo hablábamos un buen rato, el tema de mi futuro salía en la conversación. Hasta la pregunta más sencilla, ¿qué quieres ser cuando seas mayor, David?, me aterrorizaba. Me imaginaba a Chris, el chico acogido en casa de los Catanze, y lo asustado que estaba por cumplir los 18. Nunca había pensado en el futuro. Para sobrevivir a las torturas de mi madre, tenía que planear hora a hora, como mucho día a día. Me asustaba imaginarme solo en el mundo. Me ponía tan tenso y nervioso que volvía a tartamudear. Alice me calmaba, pero por la noche, cuando por fin tuve una habitación para mí solo, temblaba de miedo pensando en cómo iba a hacer para comprar comida o dónde iba a vivir. Pensaba tanto que me dormía con terribles dolores de cabeza. Para mí, la cuenta regresiva empezó a los quince.

Cuando se me pasó el susto, decidí buscar maneras de ganar dinero. Empecé limpiando zapatos y el primer día gané $21 limpiando montones de pares de zapatos en menos de seis horas. Estaba encantado con mi equipo de limpieza y una caja de dónuts en una mano y un ramo de flores para Alice y un par de novelas de bolsillo para Harold en la otra. Pronto encontré otro trabajo en un taller de reparación de relojes, donde ganaba $10.25 por veinte horas a la semana. La cantidad de dinero no era lo importante para mí. Cuando llegaba el fin de semana, me dormía pensando que había conseguido algo y eso era lo verdaderamente importante. Mientras los otros chicos jugaban a la pelota o se paseaban por el centro comercial, yo forjaba mi independencia.

Me resultaba difícil encontrar algo en común con los compañeros del colegio. La mayoría procuraba lucirse para impresionar a los demás. Yo era consciente de que no acababa de encajar, por lo que dejé de intentarlo. En ocasiones era el payaso de la clase, pero la verdad es que no me importaba lo que mis compañeros pensaran de mí. Cuando se jactaban de sus fines de semana esquiando en la nieve, yo calculaba cómo podía hacer para trabajar una hora más.

Un viernes, algunas semanas antes de que me graduara de la secundaria Parkside, un grupo de niños ricos estaban hablando de sus planes para las vacaciones, de ir a Disneylandia o de viajar a Hawai en primera clase. En lugar de sentirme mal, salí corriendo desde la parada del autobús y casi tiro abajo la puerta de la casa de Alice. —¿Se puede saber qué te pasa?— preguntó.

Me bebí entero un vaso de agua antes de contestar. Estaba a punto de cumplir los dieciséis y no sabía cocinar. Alice me prometió que me enseñaría cuando llegara el momento. Insistí. Quería aprender a cocinar *ahora*. La miré muy serio, como había visto hacer a la señora Catanze, que siempre se ponía las manos en las caderas al mismo tiempo. Funcionó. Aunque Alice acababa de recogerlo todo para estar lista para la partida de bridge, que empezaría en un par de horas, decidió enseñarme cómo hacer panqueques.

Alice estuvo a punto de arrepentirse de su decisión. En cuestión de minutos gasté dos paquetes de harina, cuatro docenas de huevos y ocho litros de leche. Cada centímetro de la cocina estaba cubierto de una masa pegajosa y blanca y en el techo había pegados varios intentos de panqueque. El suelo parecía una escena de guerra y cada vez que Alice o yo caminábamos por la cocina, nos ahogaba una nube de polvo blanco. Era evidente que se estaba poniendo nerviosa, pero se rió conmigo y no me rendí hasta que me salió un panqueque perfecto

Cada día me reservaba una nueva aventura. A veces, al salir de clase, jugaba en el suelo de la sala con mis juegos de construcciones, mientras que, en otras ocasiones, me comportaba como un hombrecito y volvía a casa de Alice con el tiempo justo para cambiarme de ropa antes de salir corriendo a alguno de mis múltiples trabajos. Era la primera vez que vivía en serio la vida.

En julio de 1976, mi vida dio otro giro. Me estaba empezando a cansar de ir a trabajar cada mañana en bicicleta mientras los demás dormían. Una tarde, después de un día bastante desesperante en el trabajo, volví a casa y me encontré con que no uno sino dos chicos nuevos habían llegado a la casa. Uno de los chicos, Bruce, me cayó mal desde el primer momento, en parte porque tenía que compartir con él mi cuarto y en parte porque veía que le estaba tomando el pelo a Alice. Aunque los dos tenían diecisiete años, no parecían muy preocupados por ganarse la vida. No me gustaban. En cuanto yo me iba a trabajar, se pasaban el día con Alice en el centro comercial. De alguna manera, me sentía amenazado e invadido por su presencia. Sabía que se me habían acabado los juegos de niños con Alice, pero me hubiera gustado que duraran un poco más antes de hacerme mayor.

Al cabo de unas semanas, descubrí que me faltaba dinero y algunas de las cosas que había comprado con lo que ganaba. Primero pensé que lo había perdido, pero un día, sin una razón especial, me harté. Me fui a ver a Alice y le dije que o se iban ellos o me iría yo. Sé que sonaba a rabieta infantil, pero no aguantaba tener que esconder mis cosas todo el tiempo y preocuparme por la forma de reponer el dinero que me habían robado.

Esperaba que Alice lo entendiera, pero fui yo el que tuvo que hacer las maletas. Me sentía como un idiota cuando dejé a los Turnbough. Para mí, era una cuestión de amor propio: si afirmaba algo, tenía que mantener mi palabra.

Estuve en el centro de detención juvenil algunas semanas hasta que mi nueva oficial de probatoria, la señora O'Ryan, me envió a casa de John y Linda Walsh, una pareja de veintipico de años con tres hijos. John tenía el pelo negro y largo, y tocaba el piano en una banda de rock—and—roll; Linda trabajaba como asesora de belleza en una tienda de cosméticos. Eran muy agradables y me sorprendió su actitud indiferente. Me dejaban hacer lo que me diera la gana. Cuando me quise comprar una bicicleta con motor, John dijo que sí. Un día, cuando le pregunté si me podía llevar a la tienda de deportes porque quería comprarme una pistola de aire comprimido, me respondió: —¡Vamos!—. No me lo podía creer. Nunca se me hubiera ocurrido pedírselo al señor o a la señora Turnbough, pero John no movió una ceja. La única condición que me puso fue que tenía que enseñarme a usarla y que sólo podía disparar contra dianas de papel y bajo su vigilancia. Pronto se me quitaron las ganas de buscar otro trabajo y me contagié de la actitud relajada de los Walsh.

Durante las primeras semanas del instituto, John y Linda me dijeron que se mudaban. Sin pensarlo, corrí al cuarto que compartía con su hijo de dos años y metí todas mis pertenencias en una funda de almohada. Estaba pálido. Parecía que *cada vez,* cada vez, que me acostumbraba a una nueva casa, tenía que pasar algo. Me daba cuenta de que John y Linda se peleaban todo el tiempo, pero me acostumbré, igual que me había acostumbrado a hacer de niñera de sus hijos malcriados. Con la bolsa sobre el hombro, volví al salón.

—¡Ya está!— dije —. ¡Vámonos! ¡Llévenme a Hillcrest!

John y Linda se miraron y se echaron a reír. —Nada de eso, muchacho— me dijo John mientras sacudía la mano frente a la cara. —Te he dicho que nos mudamos *y tú vienes con nosotros.* Bueno, a menos que no quieras, claro.

Me molesté conmigo mismo. Me quedé parado frente a ellos un buen rato, hasta que sonreí y les dije: —No sé de qué se rien, pero yo ya tengo hecha la maleta. ¿Y ustedes qué esperan?

Linda le dio un golpecito a John. —Inteligente, el chico.

Al día siguiente, me encontraba en la parte trasera de una enorme furgoneta de mudanzas mientras John conducía hacia la frontera del condado. Cuando por fin se paró y bajé del remolque, no podía creer lo que veía. Era como si los Walsh y yo nos hubiéramos mudado al barrio perfecto. Di la vuelta a la furgoneta y observé asombrado toda la manzana. Los jardines estaban cuidados a la perfección. Las casas estaban inmaculadas y parecían pequeñas mansiones más que casas corrientes, mientras los automóviles brillaban en las entradas, como si los acabaran de encerar. Mientras caminaba por Duinsmoore Drive, aspiré la dulce fragancia de las flores y escuché el sonido del viento que soplaba entre las ramas de un sauce llorón gigante.

Sacudí la cabeza y sonreí. —¡Guau!— grité. —Me gusta este sitio.

En poco tiempo me había hecho amigo de Paul Brazell y Dave Howard, dos adolescentes del vecindario que estaban fascinados por mi bicicleta a motor vieja y oxidada y por mi pistola de aire comprimido. Estaban hambrientos de aventuras y yo estaba encantado de proporcionárselas. Paul también tenía una bicicleta a motor y muy pronto nos dedicamos a hacer carreras en mitad de la calle, por la que nunca pasaba nadie. Paul siempre ganaba, por tres razones: él pesaba menos que yo, su motor tenía más caballos de fuerza que el mío y, además, tenía frenos, por lo que podía aminorar la marcha mucho antes que yo.

De los cientos de carreras, sólo gané una. Aquel día se me atascó el acelerador. No me preocupé porque tenía una botón de apagado, aunque muy pronto descubrí que el motor no se paraba. Como no tenía frenos, intenté parar la moto con los pies, pero, mientras lo hacía, me resbalé y se me enganchó la camisa en la rueda trasera. Tenía una mano en el acelerador y la bicicleta arrastraba el resto de mi cuerpo. Estaba demasiado asustado para soltar el manillar, pero al final lo solté y un segundo después mi bicicleta se subió a la acera y acabó volando por encima de un seto.

Dave vino hacia mí y al cabo de un segundo Paul paró su bicicleta a mi lado. Tenía los ojos abiertos como platos. —¡Qué bárbaro! ¿Lo puedes volver a hacer?—. Mientras intentaba levantarme, vi que algunos de los vecinos nos miraban. Parecían más preocupados por los daños causados al seto que por mi estado físico. Intenté olvidarme de las miradas de reproche y del dolor, y le sonreí a Paul. A partir de aquel día, me llamaron "el especialista en saltos peligrosos de Duinsmoore".

Aquella misma tarde planeamos nuestra próxima aventura. Los padres de Paul tenían una cámara de 16mm y Paul decidió rodar una película al estilo de las de James Bond en la que yo tendría el papel protagónico. El clímax de la película iba a ser una escena en la que el Dr. Strange, interpretado por Dave, arrastraba a Bond calle abajo mientras Paul filmaba desde todos lo ángulos. Le dije a Paul que no lo veía claro pero a Dave parecía gustarle mucho la idea, sobre todo porque parecía no importarle que yo acabara con las rodillas hechas picadillo. Dave se transformó en el coordinador de las escenas peligrosas, trabajo que implicaba mantener el tráfico de menores de diez años alejado de la calle y un paquete de curitas preparado para cuando se acabara la escena. Me sentí muy aliviado cuando la cámara de Paul se quedó sin película al día siguiente, antes de filmar la escena mortal.

Un día, Paul me ayudó a preparar mi primer encuentro con una chica que vivía en la otra manzana. Yo nunca había hablado con una chica, pero Paul me prestó su mejor camisa y me enseñó lo que tenía que decir. En aquel momento de mi vida apenas me miraba al espejo y mucho menos me atrevía a hablar con chicas. Cuando me hube peinado y se me acabaron las excusas, Paul me dio los últimos consejos y me echó de su casa. Avancé por Duinsmoore y, mientras giraba la esquina, pensé que ya era una persona normal. Vivía en un barrio perfecto, mis padres de acogida me dejaban hacer lo que quería, no tenía que trabajar y, lo que es más importante, mi vida giraba alrededor de los mejores amigos del mundo.

Al cabo de unos minutos llamé a la puerta y esperé. Me temblaban las manos, la cabeza me daba vueltas y sentía que me sudaba cada poro del cuerpo. De hecho, era emocionante estar un poco asustado. Me empecé a frotar las manos y se abrió la puerta. Me quedé boquiabierto, me sentía flotar mientras veía la cara de la chica más linda que había visto nunca. Sin que se diera cuenta, recompuse el gesto y ella se puso a hablar. Cuanto más hablaba, mejor me sentía. Me parecía increíble lo fácil que resultaba hacer reír a una chica. Me lo estaba pasando en grande, hasta que la madre de la chica la apartó a un lado bruscamente.

Me costó reaccionar. Cuando lo hice, me encontré con una señora que se parecía más a la madre de los Brady que a cualquier madre normal. Enseguida me señaló con el dedo: —¿Tú eres ese... ese chico recogido, no es así?— me dijo con desprecio y una mueca desagradable.

—¿Acaso no tienes respeto por tus mayores? ¡Responde!

—¿Cómo dice?— respondí, moviendo la cabeza.

—Escúchame bien— me dijo enfadada —ya sé a qué te dedicas: las motos, el ruido y la destrucción premeditada de la propiedad privada. No entiendo cómo la asociación aprobó que... *gente como tú viniera a nuestro* barrio. Lo sé todo sobre la *gente como tú.* ¡Eres un sucio vándalo! Mírate, hueles a basura. Yo no sé qué habrás hecho para acabar como... un niño acogido— dijo mientras se tapaba la boca, como si hubiera soltado una blasfemia —pero seguro que fue algo horrible, ¿no?—. La mujer se puso tan colorada que pensé que iba a explotar. —¡Ni se te ocurra volver a acercarte a mi casa o hablar con mis hijos, ¿lo entiendes?

Yo estaba anonadado, mientras observaba la uña de la mujer, perfectamente cuidada y pintada de rojo, a unos centímetros de mi cara.

—Te daré un consejo— prosiguió. —No pierdas el tiempo intentándolo. *Tú* no tienes lo que hay que tener. Lo sé. Créeme, ¡te estoy haciendo un favor!—. Sonrió mientras se apartaba el pelo al otro lado de la cara. —¡Ya lo verás! Yo soy una persona de mente muy abierta y sé de qué hablo. Cuanto antes aprendas que no eres más que un niño acogido, mejor. Así que, ¡vete con los tuyos!

Antes de que pudiera abrir la boca, la puerta se cerró con tal furia que una corriente de aire me agitó el pelo. Me quedé frente a la puerta, alicaído, sin saber qué hacer. Me sentía minúsculo. Miré las mangas de la camisa de franela a cuadros rojos y negros de Paul; quizás eran un poco cortas, pero pensaba que me quedaba bien. Me pasé la mano por el pelo; estaba grasiento. *Quizás me convendría un baño,* me dije. Sabía que tenía un aspecto deplorable, pero me sentía mejor que nunca por dentro. Me esforzaba por hacer cosas a las que los niños normales no les conceden la menor importancia. Sólo quería integrarme, ser un niño normal.

Al cabo de unos minutos pasé con la cabeza gacha junto a Paul, que daba vueltas a mi alrededor mientras no paraba de preguntarme cómo me había ido con la chica. Aparté a mi mejor amigo y me escondí en mi cuarto el resto del día.

Al día siguiente por la tarde, mientras reparaba la bicicleta a motor, un hombre alto con una lata de cerveza en una mano y un carrito de bebé en la otra se acercó a mí. —¿Así que tú eres el terror del barrio?— me dijo con sonrisa malévola. Mantuve la cabeza baja, aunque me puse frenético. Antes qué pudiera decirle nada, el hombre pasó de largo.

Una media hora después, volvió a aparecer por el camino contrario. Esperaba otra frase ofensiva, pero esta vez yo estaba preparado para soltarle un insulto. Me sonrió antes de decir: —¡Muy bien hecho, muchacho! ¡A por ellos!

Sacudí la cabeza, pensando que no había entendido bien. *¿Muy bien hecho? ¿A por ellos? ¿Quiénes?*, pensé.

Me levanté, me limpié una mancha de aceite negro que tenía en la camiseta blanca y observé como avanzaba meneándose y se metía en la casa de al lado. Me saludó antes de desaparecer por el garaje. Yo estaba tan sorprendido qué me senté en la hierba a intentar entender qué era lo que quería decir aquel chiflado. Aunque parecía un demente, hablaba con gracia.

El hombre volvió a aparecer la tarde siguiente a la misma hora, vestido con los mismos pantalones cortos blancos que dejaban ver sus piernas blancas y huesudas, una camiseta en la que se leía "Fudpuckers: llevamos volando desde que la tierra era plana", una gorra de béisbol con unas plumas plateadas y un cigarrillo que parecía colgarle de la comisura de los labios. De nuevo con la cerveza en una mano y el carrito en la otra, se paró frente a mí y me dijo: —No estás preparado para volar, pero no te preocupes, muchacho, a cada perro le llega su día—. Entonces siguió andando.

Repetí el mensaje una y otra vez mientras intentaba encontrarle sentido a la frase "a cada perro le llega su día". Puntual como un reloj, el hombre volvió a aparecer treinta minutos después. Me levanté de un salto y esperé que me regalara más palabras sabias: —Tienes que saber una cosa— me dijo con una reverencia —siempre se saca provecho de la confusión de las masas.

—Oiga, señor... — dije antes de pensar.

Giró la cabeza como un robot: —¿Me requería usted?

Abrí la boca. No sabía qué responder. Casi me ahogo. El hombre inclinó la cabeza. —Si puede lavarse las manos y cambiar su vestimenta, puede acompañarme a mi humilde morada.

Salí corriendo a casa de los Walsh, me lavé las manos y los brazos y dejé el lavabo hecho un asco, me cambié de camisa y entré como un vendaval por la puerta de la casa del hombre. Antes de que pudiera gritar que estaba allí, una mano enorme me empujó hacia atrás. Se me cortó la respiración y pensé que se me hundirían los pulmones. El hombre me miró y sonrió. —Volvamos a probar, ¿le parece?— dijo, mientras me conducía afuera y cerraba la puerta en mis narices.

Me quedé extrañado. —¡Qué maleducado!—

dije en voz alta. Por un momento pensé que me estabas insultando, como había hecho la señora de *La familia Brady*. Estaba a punto de marcharme cuando oí una voz detrás de la puerta que decía: —Llama a la puerta.

Cerré los ojos mientras golpeaba la puerta con los nudillos. Un segundo más tarde, se abrió la puerta y el hombre me hizo una reverencia mientras con el brazo me indicaba que pasara. Sonrió al presentarse: —Michael Marsh, guardián de la ortodoxia, soldado de fortuna y Doc Savage de Duinsmoore Drive.

Así comenzó mi primera de muchas visitas a la "mansión Marsh". Unos días más tarde, conocí a la mujer del señor Marsh, Sandra, que era tranquila y tímida, en comparación con su estrambótico marido. Sus dos hijos, William y Ric, enseguida me cayeron bien. El pequeño, Eric, gateaba por la casa y me recordaba a mi hermano Kevin cuando tenía su edad.

Los Marsh me trataron como a una persona de verdad. Su casa se convirtió en mi refugio, porque los Walsh se peleaban más que nunca. Cuando no estaba haciendo trastadas con Paul y Dave, me pasaba cientos de horas sentado en una esquina del "rincón de la sabiduría" de Michael, leyendo sobre películas, aviones o carreras de autos. Desde que estuve prisionero en casa de mi madre, me había sentido fascinado por los aviones. Cuando estaba sentado sobre las manos en las escaleras del sótano, me escapaba imaginando que era Superman. Siempre quise volar.

Aunque nunca me dejaron llevarme los libros del señor Marsh a casa de los Walsh, a veces me llevaba alguno a escondidas y me pasaba toda la noche en vela, leyendo sobre las aventuras de los pilotos de combate de la II Guerra Mundial o sobre el desarrollo de aviones supermodernos como el Lockheed SR—71 Blackbird. La biblioteca de Michael me descubrió un nuevo mundo. Por primera vez en mi vida, me preguntaba lo que sería volar a bordo de un avión de verdad. Quizás, un día de estos, pensaba...

Dan Brazell, el padre de Dan, era el "reparalotodo" del barrio y tuvo la misma influencia sobre mí que el señor Marsh. Al principio no le gustaba, pero poco a poco se acostumbró a tenerme detrás de la espalda, controlando cada movimiento que hacía. Paul, Dave y yo a veces nos colábamos en su garaje y mirábamos extasiados lo que fuera que estuviera construyendo. En cuanto se iba un minuto, Paul entraba en el garaje y Dave y yo le seguíamos, aunque con mucho cuidado, por miedo a pisar alguna pieza de metal o una herramienta. Sin embargo, en cuanto se abría la puerta, salíamos corriendo antes de que nos pillara. Sabíamos que el garaje era un lugar especial, en el que Dan, Michael y algunos otros hombres del vecindario se reunían a diario.

A veces, durante esas reuniones, algunos hombres del vecindario se quejaban de mí y expresaban su miedo "a que bajaran los precios de las propiedades en el área". El señor Marsh siempre acudía en mi rescate. —Paren eso ahí, señores— dijo una vez Michael. —Tengo planes para mi joven ayudante. Algún día el señor Pelzer será un aviador tan famoso como Chuck Yeager o Charles Manson. Todavía estoy trabajando en los detalles, como pueden ver.

Sonreí por el cumplido. —¡Sí!— asentí con orgullo —¡Charles Manson!—. Me sentía un poco tonto porque no me sonaba el nombre de un piloto llamado Charles Manson.

El tiempo que pasé en Duinsmoore fue el mejor de mi adolescencia. Por la noche, después de leer alguno de los libros que me "prestaba" el señor Marsh, me quedaba dormido mientras aspiraba el aroma de las flores que traía la brisa. Cada día, al salir de clase, mis dos amigos y yo descubríamos una nueva aventura.

En cambio, mi convivencia con los Walsh no fue tan buena. Se peleaban a diario y había ocasiones en que los dos se iban de casa y me dejaban solo con los niños. A veces procuraba adivinar cuándo empezarían las peleas, de manera que, antes de que John y Linda empezaran a discutir, me diera tiempo a coger al niño pequeño y decirles a los otros dos que me siguieran al jardín hasta que las cosas se hubieran calmado.

Aunque me gustaba mucho Duinsmoore, sabía que no podía seguir viviendo de aquella manera. Sentía que *tenía que hacer algo*. Finalmente, tras una pelea monumental, llamé a la señora O'Ryan, mi oficial de probatoria, y le pedí que me trasladara a otro lugar, aunque fuera a Hillcrest. Pareció gustarle mi decisión y me dijo que procuraría convencer a los Turnbough para que volvieran a acogerme.

Dejar Duinsmoore fue una de las decisiones más difíciles que tuve que tomar. Había recibido muchísimo en cuestión de meses, un periodo muy corto de mi vida.

Hice un esfuerzo por no decir adiós. Paul, Dave y yo casi nos ahogamos, pero escondimos nuestros sentimientos. En el último momento, Dave me abrazó. El señor Brazell me saludó con una llave inglesa en la mano y el señor Marsh me regaló un libro de aviones, el mismo libro que había sacado de su casa cientos de veces. —Así no tendrás que llevártelo más, vándalo—. También me dio una postal de Delta Airline firmada en la que había escrito su dirección y número de teléfono: —Llámanos algún día, bribón— dijo Michael, mientras yo sentía que me emocionaba. —Sandra y yo estamos a tu disposición siempre que quieras. ¡Duro con ellos, piloto! ¡Tú puedes!

Antes de subirme al viejo Chevy azul y blanco de Harold Turnbough, carraspeé y dije con voz profunda: —No lloréis ni tengáis miedo, ¡volveré!—. Mientras el señor Turnbough y yo nos alejábamos de Duinsmoore Drive, vi a la señora de *La familia Brady,* de pie en su porche inmaculado con los brazos cruzados sobre el pecho. Me sonrió con desprecio y yo le devolví la sonrisa antes de gritar: —¡Yo también la quiero!

Una hora después, entré corriendo por la puerta de la casa de Alice Turnbough. Después de abrazarme, me apartó. —Esta es la última vez —me avisó. —Habla ahora o calla para siempre—.

Asentí antes de responder: —¡Ya sé bien cuál es mi casa: 555-2647!

CAPITULO

10

Ruptura

A mediados de mi último año en la secundaria, empecé a aburrirme. Como había cambiado de domicilio tantas veces y nunca había pasado más de unos pocos meses en la misma escuela, me pusieron en una clase para niños con dificultades de aprendizaje. Primero no me gustó la idea, hasta que descubrí lo poco que se esperaba de mí. Entonces abandoné la carrera académica, porque me di cuenta de que mi futuro se encontraba fuera de las aulas. Trabajaba más de 48 horas por semana y pensaba que nada de lo que pudiera aprender en la secundaria me iba a servir en la vida real.

Deseaba trabajar porque ya había cumplido los diecisiete y en menos de un año dejaría de vivir en una casa de acogida. Después de las clases, salía corriendo del instituto a casa de Alice, me cambiaba de ropa y volvía a correr a uno de mis trabajos, en un restaurante de comida rápida o en la fábrica de plásticos, donde trabajaba hasta la una o las dos de la mañana. Los horarios que llevaba y la falta de sueño me estaban afectando y, en la escuela, los profesores tenían que despertarme a golpes porque roncaba en sus clases. Odiaba a los muchachos que se reían de mí. Algunos se hacían los importantes cuando me veían trabajando en algún restaurante, entraban y lucían a sus novias o su ropa cara, porque sabían que nunca tendrían que trabajar para sobrevivir como yo.

Durante el recreo, a veces iba a ver al profesor de inglés, el señor Tapley. Como no tenía clase en aquel momento, el señor Tapley aprovechaba el tiempo para corregir ejercicios. Plantaba los codos en su mesa y le hacía millones de preguntas sobre mi futuro. El sabía lo mucho que me esforzaba, pero me daba vergüenza explicarle por qué siempre me dormía en clase. El señor Tapley levantaba la vista sobre una pila de papeles, se pasaba la mano por la incipiente calva y me daba los consejos suficientes para pasar el fin de semana, enterrado entre montañas de deberes.

Aunque trabajaba mucho entre semana, procuraba dejarme algún fin de semana libre, por si acaso podía ir a ver a mi padre a San Francisco. Le había dejado cientos de mensajes durante años, en las diferentes estaciones de bomberos de la ciudad. Mi padre nunca me llamó. Una tarde perdí el control cuando un bombero quiso sacárseme de encima. —Pero, ¿trabaja en esta estación?— supliqué. —Dígame, ¿en qué turno?— le pregunté, levantando la voz.

—Este... Stephen tiene diferentes turnos en varias estaciones. Ya le daremos el mensaje— dijo el bombero antes de colgar.

Sabía que pasaba algo malo. Alice intentó impedir que saliera de la casa. —Mi padre tiene problemas— grité, con la respiración entrecortada.

—¡David, no lo sabes de seguro!— me dijo ella.

—Precisamente por eso— dije, señalándola con el dedo. —Estoy harto de vivir a oscuras, de esconder secretos, de vivir una mentira. ¿Qué puede ser tan terrible? Si mi padre tiene problemas... —. Paré un momento mientras intentaba imaginarme qué le ocurría. —Tengo que saber lo que le pasa— dije y besé a Alice en la frente.

Me subí en la moto y me dirigí hacia el centro de San Francisco. Avancé entre el tráfico de la autopista y no paré hasta que la moto subió a la acera frente al 1067 de Post Street, la misma estación de bomberos a la que estaba asignado mi padre desde que yo era pequeño.

Estacioné la moto en la entrada trasera y, mientras subía por la calle, vi una cara que me resultaba familiar. Primero pensé que era mi padre, pero me di cuenta de que no era él cuando me sonrió. Mi padre nunca sonreía. —¡Dios bendito, hijo! ¿Cuánto tiempo hace? No nos vemos desde... No sé ni cuanto tiempo hace.

Le di la mano al tío Lee, el mejor amigo de mi padre y su colega desde hacía años. —¿Dónde está papá?— pregunté con voz seria.

El tío Lee se volteó. —Este, acaba de irse. Justo se ha acabado su turno.

—¡No, señor!— afirmé. Sabía que me estaba mintiendo; los bomberos acaban el turno por la mañana, no a media tarde. Bajé las defensas. —Hace años que no veo a papá, tío Lee. Tengo que saber qué le pasa.

Lee estuvo a punto de ahogarse. Se secó una lágrima. —Tu padre y yo empezamos juntos, ¿sabes? Tengo que decirte una cosa, tu viejo era un tremendo bombero... Hubo momentos en que pensaba que no saldríamos vivos...

Lo sentía venir por dentro. Se me removió el estómago. Busqué algo donde apoyarme, para no caerme al suelo. Me mordí los labios. Asentí, como para indicarle a tío Lee que lo soltara de una vez y me lo dijera.

Lee parpadeó, me había entendido. —Tu padre... ya no trabaja en el cuerpo. A Stephen, a tu padre, le... pidieron que se retirara.

Suspiré aliviado mientras intentaba mantener la compostura. —Pero entonces, ¡está vivo! ¡Está bien! ¿Dónde está?— chillé.

El tío Lee me lo contó todo. Me dijo que hacía más de un año que mi padre no trabajaba y que, desde que se le acabó el dinero, iba de un lado a otro. Lee temía que en ocasiones mi padre hubiera tenido que dormir en la calle. —Es la bebida, David. Lo está matando— me dijo en tono amable pero firme.

—¿Dónde está ahora?— pregunté.

—No lo sé, hijo. Sólo le veo cuando necesita dinero—. Tío Lee paró un momento y carraspeó. Me miró como no lo había hecho nunca. —David, no seas demasiado severo con el viejo. Nunca tuvo una familia de verdad. Era demasiado joven cuando llegó a la ciudad. Los quería a ustedes de verdad, a todos sus hijos, pero el matrimonio acabó con él. Su trabajo no era nada fácil, pero le mantenía vivo. Vivía para los bomberos, pero la bebida.. Ahora es lo único que tiene.

—Gracias, tío Lee— le dije, mientras le daba la mano. —Gracias por contarme la verdad. Ahora, al menos, sé lo que pasa.

Tío Lee me acompañó hasta la moto. —Supongo que veré a tu padre dentro de unos días. Quizás tú puedas ayudarle a salir de este agujero.

—Sí— respondí —ojalá.

Dos semanas más tarde, me dirigí en un autobús de Greyhound hasta el barrio de la Misión de San Francisco. Esperé a mi padre más de una hora en la estación de autobuses. En la calle vi un bar de mala muerte, y pensé que valía la pena intentarlo. Crucé la calle y me encontré a mi padre tirado sobre una mesa. Miré a mi alrededor, buscando ayuda. Me parecía increíble que la gente pasara junto a la mesa de mi padre sin preocuparse lo más mínimo o se sentara en la barra bebiendo como si mi padre fuera invisible.

Desperté al héroe de mi infancia con mucho cariño. La tos pareció revivirle. Le olía tan mal el aliento que aguanté la respiración hasta que pude ayudarle a salir a rastras del bar. El aire de la calle pareció despejarle, pero a la luz del día tenía peor aspecto de lo que había imaginado. Evité mirarle a la cara. Quería recordar a mi padre como el hombre que había sido: el bombero alto, fuerte y corpulento de dentadura brillante que arriesgaba su vida por salvar a un compañero en peligro o por rescatar a un niño atrapado en un edificio en llamas.

Caminamos varias manzanas sin decir una palabra. No me parecía muy adecuado preguntarle sobre su vida o su adicción a la bebida, pero las palabras de tío Lee, que me dijo que había que hacer algo, lo que fuera, para ayudar a mi padre, me daban vueltas en la cabeza. Sin pensarlo, cerré los ojos, me volteé y le paré con un gesto de la mano. —¿Qué te ha pasado, papá?

Mi padre se paró y empezó a toser. Le temblaban las manos mientras intentaba encender un cigarrillo. —Lo mejor que puedes hacer es olvidarlo todo, tu madre, la casa, todo, como si nunca hubiera ocurrido—. Le dio una larga chupada al cigarrillo. Intenté mirarle a los ojos, pero evitaba mi mirada. —Es tu madre. Está loca... Más vale que te olvides de todo— me dijo con un gesto de la mano, como si quisiera esconder el secreto de la familia debajo de la alfombra de una vez para siempre.

—¡No, papá, eres tú! ¡Tú eres el que me preocupa!—. Una ráfaga de viento me alcanzó y sentí frío. Cerré los ojos. Quería sincerarme con mi padre, pero no me atrevía a decirle lo mucho que temía por él. Dudaba qué era lo correcto, qué era lo que debía hacer. Sabía, por la mirada que me echó, que su vida era asunto suyo y que la autoridad de un padre no se cuestiona, pero parecía un muerto viviente. Le temblaban las manos y tenía los párpados tan caídos que apenas podía ver nada. Me sentía muy raro. No quería hacerle enfadar, pero sentía la rabia crecer. *¿Por qué no estuviste a mi lado cuando te necesitaba? ¿No podías ni llamarme? ¿No puedes ser como los otros padres, tener un trabajo y una familia, y poder estar juntos y jugar a la pelota o ir a pescar? ¿Por qué no puedes ser como los demás?,* gritaba una voz en mi interior.

Respiré hondo antes de abrir los ojos. —Lo siento, pero tú eres mi padre... y te quiero.

Mi padre estornudó mientras volteaba la cara. Sabía que me había oído, pero no era capaz de responderme. La avalancha de alcohol y la vida familiar tormentosa habían destruido sus sentimientos más auténticos. Me di cuenta de que, en lo más profundo, mi padre estaba muerto. Poco después, seguimos caminando hacia ninguna parte, con las cabezas gachas, sin mirar a nadie, pero sobre todo sin mirarnos el uno al otro.

Unas horas más tarde, antes de montarme en el autobús, mi padre me llevó aparte: —Quiero enseñarte algo— me dijo con orgullo, mientras se buscaba en los bolsillos y sacaba una caja de piel negra cubierta con el emblema del cuerpo de bomberos. Sonrió mientras abría la caja, que contenía una insignia brillante: —Toma, tócala— me dijo mientras me la ponía sobre la palma de la mano.

—R-1522— leí en voz alta. Sabía que la R significaba que mi padre estaba retirado y no que le habían despedido, como yo me temía, mientras que los números eran los que le asignaron cuando se unió al cuerpo de bomberos.

—Es todo lo que me queda. Es una de las pocas cosas que no he jodido en mi vida. Eso nadie me lo puede quitar— dijo convencido, señalando la insignia. —Algún día lo comprenderás.

Asentí. Lo comprendía. Siempre lo hice. De pequeño, me imaginaba a mi padre vestido con su uniforme azul de bombero mientras subía a un podio para recoger un premio frente a una multitud enfervorizada que gritaba su nombre, con su bella mujer y sus hijos a su lado. De pequeño soñaba con el Gran Día de mi padre.

Le miré a los ojos y le devolví lo que le había

costado toda una vida ganar. —Estoy realmente orgulloso de ti— dije, mirando a la insignia. —De verdad—. Le brillaron los ojos un segundo y por un momento no sintió dolor.

Unos minutos más tarde, me paró mientras subía al autobús. Dudó un segundo. Miró al suelo. —Vete de aquí— murmuró. —David, vete tan lejos como puedas. Tu hermano Ronald se ha alistado en el ejército y tú ya casi tienes la edad. Vete— dijo mi padre mientras me golpeaba el hombro. Tras voltearse, sus últimas palabras fueron: —Haz lo que sea, pero no acabes como yo.

Apreté la cara contra la ventanilla y lo vi desaparecer entre la gente. Quería bajarme del autobús y abrazarle, cogerle de la mano o sentarme a su lado como hacía cuando era pequeño y él leía el periódico, como el padre que tuve hace años. Quería que formara parte de mi vida. Quería un padre. Mientras el autobús salía de San Francisco, perdí el control y lloré. Apreté el puño, para controlar la presión que se había acumulado en el interior de mi alma a lo largo de los años. Me di cuenta de que mi padre vivía en una terrible soledad. Recé con todo mi corazón para que el Señor velara por él y le diera un lugar donde dormir y le liberara de cualquier mal. Me sentía terriblemente culpable, me sentía mal por lo que le ocurría a mi padre.

Después de ver a mi tío Lee, había soñado con comprar una casa en Guerneville y llevar allí a mi padre. Sólo así podría mitigar su dolor o podríamos pasar algún tiempo juntos, como padre e hijo. Pero sabía que las fantasías no son más que sueños y que lo real es la vida. Me pasé llorando todo el trayecto hasta casa de Alice. Sabía que mi padre se estaba muriendo y me aterrorizó pensar que no volvería a verle más.

Unos meses después, en el verano del 78, después de docenas de entrevistas, conseguí un trabajo como vendedor de autos. Vender automóviles era agotador. Los encargados nos amenazaban un día y al día siguiente pretendían comprarnos con incentivos financieros. La competencia era feroz, pero de alguna manera conseguí mantener la cabeza a flote. Cada vez que tenía un fin de semana libre, corría a Duinsmoore y me olvidaba de actuar como un adulto, mientras Paul, Dave y yo buscábamos nuevas aventuras al volante de algún auto, prestado por el concesionario. Una vez, después de ver una película sobre especialistas en maniobras de autos de Hollywood, los tres nos sentamos con la mirada fija al frente mientras yo conducía marcha atrás describiendo una línea recta perfecta, sin girar para nada la cabeza. Nuestra hazaña causó algún que otro perjuicio a conductores distraídos y los tres tuvimos algunos malos momentos con las autoridades. Pero me di cuenta de que nuestras aventuras de adolescentes se acabarían tan pronto Paul y Dave se hicieran mayores y comenzaran también a buscar trabajo.

Más que nunca, busqué consejo en Duinsmoore Drive. Una vez, Dan vino hasta casa de Alice para sacarme de la cabeza la absurda idea de convertirme en doble de Hollywood. El señor Brazell se pasó horas junto a su hijo Paul diciéndome lo chiflado que estaba. Siempre me había caído bien Dan y cuando les acompañaba a él y a Paul hasta la puerta, después de reconocer que se trataba de una idea alocada, me di cuenta de que me sentía más cerca de Dan que de mi propio padre.

Los Marsh también se preocupaban por mí. A menudo ayudaba a Sandra con sus deberes mientras pensaba en otras formas de mantenerme. El señor Marsh me recomendó que me alistara en el ejército. Inmediatamente pensé en la aviación, pero había hecho el examen de ingreso durante el primer año de secundaria y había salido fatal. Me había convencido a mí mismo de que podía salir adelante en el mundo sin ningún tipo de educación.

Se acabó el verano y como tenía casi dieciocho años y tenía que ganarme la vida para sobrevivir, decidí dejar la escuela. Alice estaba horrorizada, pero mi carrera como vendedor iba de maravilla: de un equipo de más de cuarenta vendedores, yo era uno de los cinco mejores. Sin embargo, meses después de mi mayoría de edad, llegó la crisis: subió el precio de la gasolina, empezaron a acabarse mis ahorros y la realidad me alcanzó en plena cara.

Para olvidarme de mis problemas, un domingo conduje en mi desvencijado Mustang naranja del 65 hacia el Russian River. No sabía muy bien cómo llegar, así que conduje por instinto, con lo que recordaba de cuando era pequeño. Cuando supuse que estaba en la salida correcta, abandoné la autopista. Sabía que estaba cerca porque empezaron a aparecer secoyas. Casi se me para el corazón cuando estacioné el auto en el viejo supermercado Safeway. Allí estaban los mismos pasillos que había recorrido de pequeño. En la caja, busqué por todos los bolsillos y me gasté el dinero suelto que me quedaba en un salchichón y una barra de pan francés. Me senté en una duna desierta de Johnson's Beach y comí despacio, mientras escuchaba los sonidos del río y el ruido metálico de una furgoneta que cruzaba el puente. Me sentía en paz.

Para cumplir mi promesa de vivir en el Russian River, sabía que primero tenía que encontrarme a mí mismo y que no podía hacerlo si seguía viviendo tan cerca de mi pasado. Tenía que romper con todo. Mientras recogía las sobras y me alejaba de la playa, el sol me dio en los hombros. Me sentía feliz. Había tomado mi propia decisión. Miré el río una vez más y tuve ganas de llorar. Si hubiera querido, hubiese podido mudarme junto al río, pero sabía que no era lo correcto. Respiré profundamente y en voz baja renové la promesa de toda una vida: *Volveré.*

Unos meses más tarde, tras graduarme y pasar una serie de pruebas y controles, me alisté con orgullo en la Fuerza Aérea de los Estados Unidos. De algún modo, mi madre consiguió enterarse y me llamó por teléfono el día antes de que me incorporara al entrenamiento básico. No me habló con maldad sino como la madre que había tenido hacía años. Casi podía verle la cara mientras lloraba al otro lado de la línea. Me aseguró que pensaba siempre en mí y que siempre había querido lo mejor para mí. Hablamos más de una hora y yo no dejé de desear que pronunciara las dos palabras más importantes que siempre había querido oírle decir a mi madre.

Alice se mantuvo a mi lado mientras yo lloraba al teléfono. Quería irme con mi mamá, quería verle la cara y oír esas dos palabras. Me di cuenta de que era un ingenuo, pero sentía que al menos tenía que intentarlo. Alice tuvo que esforzarse mucho para convencerme de que no corriera a ver a mi madre, aunque en el fondo yo sabía que ella estaba jugando con mis sentimientos. Me había pasado dieciocho años deseando algo que sabía que nunca tendría: el amor de mi madre. Sin decir una palabra, Alice abrió los brazos y, mientras me abrazaba, me di cuenta que mi larga búsqueda de amor y cariño había acabado en los brazos de una madre de acogida.

Al día siguiente me erguí para mirar a Harold a los ojos. —Pórtate bien, hijo— me dijo él.

—Lo haré, descuide. Estarán orgullosos de mí.

Alice estaba junto a su marido. —Sabes quien eres, siempre lo has sabido— dijo, mientras alargaba la mano y me daba una llave reluciente. —Ésta es tu casa. Siempre lo ha sido y siempre lo será.

Me guardé la llave de mi casa. Después de besar a Alice, *mi madre,* y de darle la mano a Harold, *mi padre,* abrí la boca para decir algo solemne, pero las palabras no eran necesarias en aquel momento. Todos sabíamos lo que sentíamos: el amor de una familia.

Unas horas más tarde, mientras el Boeing 727 se alejaba de California, cerré los ojos. Ya no era *un niño perdido.* Me imaginé al "sargento" Michael Marsh, radiante, escrutando el cielo mientras me decía: —Bueno, aviador Pelzer, ¿qué se siente?

—No sé— hubiera respondido —estoy un poco asustado, pero puedo sacarle provecho a eso. Tengo un plan, estoy concentrado y sé que saldré adelante.

Entonces mi mentor me hubiera mirado y hubiera sonreído. —Bravo, Pelzer. ¡A por ellos!

A bordo de un avión por primera vez en mi vida, abrí los ojos como el hombre en que me había convertido. *Un hombre llamado Dave.* Sonreí. *¡Ahora* es cuando empieza lo bueno!

Epilogo

Condado de Sonoma, California, diciembre de 1993.

Estoy solo. Tengo tanto frío que me tiembla el cuerpo y se me han dormido las puntas de los dedos. Cada vez que respiro, una nube de vaho me sale por la nariz. A los lejos se oyen las nubes grises y oscuras que chocan unas con otras. Al cabo de unos segundos se oye el eco del trueno en las vecinas colinas. Se acerca una tormenta.

No me importa. Estoy sentado encima de un tronco viejo frente a una playa vacía. Me gusta observar el esplendor de las oscuras olas verdes que rompen contra la playa.

Por dentro no tengo frío. Ya no tengo miedo de estar solo. Me gusta pasar algún tiempo a solas.

Una bandada de gaviotas grazna en lo alto mientras vigila la playa en busca de algo que comer. Al cabo de un momento, una de ellas tienes dificultades para mantener el vuelo. Por mucho que mueve las alas, la gaviota no consigue mantener la velocidad de las demás y pierde altura. De repente, cae como un peso muerto sobre la arena. Se levanta sobre su única pata anaranjada y empieza a dar vueltas. Al cabo de un minuto, encuentra algo de comida. Entonces, como salidas de la nada, las otras gaviotas vuelven a aparecer, dan vueltas sobre la playa y se lanzan sobre la gaviota más débil para robarle la comida. La gaviota parece darse cuenta de que no puede volar, así que se pone de pie y se defiende de las demás con furiosos picotazos. Muy pronto se termina la pelea y la bandada huye en busca de una víctima más fácil de dominar.

La gaviota chilla a la bandada, como para decirles que era ella la ganadora, entonces se voltea hacia mí y me lanza una amenaza. Mientras la observo, pienso lo mucho que se parece su batalla a los problemas que tuve mientras estaba en hogares de acogida. En aquel momento, no había nada más importante que el hecho de ser aceptado y de encontrar respuestas que explicaran mi pasado, pero al madurar me di cuenta de que debía forjar mi propio camino. También aprendí a conformarme si no encontraba todas las respuestas, aunque, como la mayoría de las cosas en la vida, las respuestas llegaron solas cuando me alisté en las Fuerzas Aéreas de los Estados Unidos, donde cumplí mi sueño de volar. De mayor, el círculo se cerró. Una de las cosas más importantes que conseguí fue visitar a mi madre y plantearle la cuestión más importante de mi vida: ¿Por qué?

El propio secreto de mi madre me hizo apreciar aún más la vida que llevaba.

El graznar de las gaviotas me distrae. Me tiemblan las manos, pero no es de frío. Me seco las lágrimas de las mejillas. No lloro por mí sino por mi madre. Lloro tan fuerte que me tiembla el cuerpo. No puedo parar. Lloro por la madre y el padre que nunca tuve y por la vergüenza del secreto de la familia. Tengo miedo porque a veces dudo que sea capaz de cambiar las vidas de los demás y me siento indigno del reconocimiento público.

Lloro para desahogarme.

Cierro los ojos y digo una rápida oración. Rezo para obtener la sabiduría que me haga una persona mejor, más fuerte. Cuando me levanto y miro al océano oscuro y verde, me siento renovado. Es hora de seguir adelante.

Tras relajarme conduciendo con las ventanillas bajadas y escuchando Secret Story de Pat Metheny, estaciono el todo terreno frente a mi segundo hogar: el Rio Villa Beach Resort en Monte Rio. Ric y Don, los dueños, me saludan y se van a preparar las habitaciones. La serena belleza de Rio Villa todavía me sobrecoge. Hace años que Ric y Don se esfuerzan por hacer que mi hijo Stephen y yo nos sintamos parte de su familia. Ser bienvenido significa mucho para mí.

Después de luchar conmigo en el suelo, Stephen me abraza. —¿Estás bien?— pregunta. Aunque sólo es un niño, es muy sensible para su edad. Me sorprende que a veces adivine mis sentimientos más profundos. Aunque es mi hijo, Stephen es también uno de mis mejores amigos.

Los dos pasamos lo que queda del día con sus muñecos de colores brillantes y jugando una y otra vez Sorry y Monopolio. Pronto descubro que mis años de entrenamiento en tácticas militares no sirven para ganarle a la mente de un niño espabilado de siete años, que compra las mejores propiedades del tablero, con hoteles. Todavía le debo dinero de alquiler.

Después de varias derrotas épicas en Sorry, Stephen y yo bajamos al muelle que hay junto al Russian River. El aroma de la madera quemada se mezcla con la fragancia de la corteza de los árboles. El río verde es casi transparente y sólo un pequeño ruido nos recuerda que se trata de agua de verdad. Mientras el sol se pone tras una colina, la imagen de un árbol de Navidad se refleja en las aguas. Un grupo de ranas baja de las colinas. Sin mediar palabra, Stephen y yo nos cogemos de la mano. Se me hace un nudo en la garganta mientras nos apretamos las manos.

Stephen me agarra la pierna. —Te quiero, papá. Feliz cumpleaños.

Hace años no estaba seguro de poder sobrevivir. En mi otra vida, no tenía casi nada. Hoy en día, sumido en mi utopía, tengo lo que cualquier persona desearía: una vida y el amor de mi hijo. Stephen y yo somos una verdadera familia.

Los programas de acogida de menores: Puntos de vista

David Pelzer
Niño acogido

No tengo ni la menor duda: si me hubiera quedado mucho más tiempo con mi madre biológica, hubiera muerto. Los hogares de acogida no eran sólo una escapatoria sino un nuevo mundo, literalmente. En ocasiones resultaba muy difícil acostumbrarme a las nuevas situaciones, porque nunca sabía muy bien qué iba a pasar.

Como adulto superviviente, siempre

estaré agradecido al "sistema" al que muchos ridiculizan sin tregua. Me hubiera resultado más fácil explotar las debilidades de los servicios sociales, los hogares de acogida y todo lo que significan, pero esa no ha sido nunca la premisa de esta historia. Lo que pretendía era mostrar al lector un mundo que en raras ocasiones suele conocer el público a través de la mirada de un niño torturado y programado para fracasar al que entregan al cuidado de otros.

Mi asistente social, la señora Gold, se me quedó grabada en la mente por su preocupación genuina por *mi* integridad y *mi* seguridad. Aunque yo pensaba que negar mis declaraciones a pocos días del juicio era poco corriente, parece ser que es el pan nuestro de cada día en esos casos. Poca gente sabe lo que llegan a pasar los que trabajan en los servicios sociales con menores.

Hay mucha gente que piensa que los asistentes sociales no son más que aguafiestas que se meten donde no les llaman y arrancan a un niño de sus queridos padres. O que *nunca* resuelven los casos en los que hay *verdaderos* malos tratos a menores. La realidad es mucho peor. Mi caso fue uno de unos pocos miles que se denunciaron en California en 1973. Veinte años más tarde, en el mismo estado, se denunciaron más de 616.000 casos.

Hay pocos asistentes sociales para responder a los interminables casos de "jóvenes en peligro." Siempre hay que elegir; el menor que lo pasa peor es el primero al que se atiende. Una vez que se ha iniciado la investigación, no se puede proporcionar información al público sobre la evolución del caso, algo que preocupa a los que hicieron la denuncia y que puede llevarles a pensar que los servicios sociales no han hecho nada al respecto. Sin embargo, la premisa de los servicios sociales es la preservación de la privacidad, la seguridad y la integridad del menor. No hace falta decir que muchos de estos ángeles, cuyo único propósito es salvar la vida de un niño, acaban quemados.

Mis padres de acogida fueron los que me hicieron la persona que soy hoy. Se metieron en un lío muy feo y transformaron un chico aterrorizado en un ser humano responsable y funcional. Les debo muchísimo. Por desgracia para ellos, les hice pasar las de Caín, en especial a los Catanze durante mi "fase de ajuste." Me salvaron de una caída certera. Los Turnbough fueron un regalo del cielo, al enseñarme algo tan simple como el caminar, hablar y actuar como un niño corriente, mientras me recordaban que yo valía la pena y que podía superar los retos que me planteara la vida.

Ése es el papel de los padres de acogida.

Visto con distancia, no acabo de entender por qué esa gente aguantó tanto. Es casi imposible imaginar lo que significa tratar con un niño con un pasado como el mío y mucho menos con los otros seis niños que suelen vivir en una casa de acogida.

Y, sin embargo, la mayoría de la población pocas veces oye hablar del amor y la compasión de los que llaman padres de acogida. Esa misma gente cree que los padres de acogida lo hacen "por dinero", que no son más que mercenarios de la paternidad que se aprovechan de las desgracias de la sociedad. Si eso es cierto, ¿por qué más del 65 % de los padres de acogida de Iowa acaban adoptando definitivamente a los niños que acogen, de tal manera que pierden las ayudas financieras que reciben por sus servicios? Como la mayoría de los padres de acogida, son víctimas de las emociones que provoca el amor. Ser adoptado legalmente es el mayor honor que puede recibir un niño que desea ser miembro de una familia.

Pero la sociedad nunca se entera de estas historias. Parece que sólo se habla de los padres de acogida cuando un niño es maltratado. La prensa afirma que se debe "informar" al público sobre las víctimas infantiles de los malos tratos. Se realizan investigaciones y se descubre que los padres de acogida en cuestión no eran aptos para acoger niños. ¡Menuda novedad! Sin embargo, a pesar de tanta publicidad, ¿acaso alguien se pregunta si el "sistema" le ha vuelto a fallar al niño? Casi nunca.

No me malinterpreten. Está mal hacer daño a un niño y no debe tolerarse. Sin embargo, esos casos son excepcionales y dañan el increíble trabajo que llevan a cabo los padres de acogida. La pregunta importante es por qué esa gente recibió los permisos para acoger niños. La respuesta es que hay demasiados niños que necesitan una casa de inmediato. El "sistema" tiene que hacer frente a las desgracias de la sociedad: hay millones de niños que necesitan un hogar y sólo algunos miles de casas disponibles. La situación se podría solucionar mediante un proceso de selección para elegir a los que solicitan acoger niños que incluyera el control de las referencias, como los que se usan en cualquier proceso de selección para un trabajo. La implantación de programas de formación que enseñaran a tratar con las interminables necesidades de los niños acogidos quizás podría resultar útil.

Por otra parte, la prensa tuvo el detalle de rendir un homenaje a Charlotte Lopez, una niña acogida a los dos años, que a los diecisiete ganó el concurso de belleza Miss Teen USA en 1993. Me intrigaban la confianza y la belleza interior de Charlotte y me pregunto, ¿de dónde las habrá sacado? ¿Quizás de su madre de acogida, Janet Henry? No es difícil de imaginar la cantidad de horas que Janet y Charlotte habrán pasado juntas. Me figuro que la principal preocupación de Charlotte no era su sonrisa o la técnica para andar sobre la pasarela, sino sus miedos, que afectan a la mayoría de niños acogidos: la búsqueda de respuestas y los esfuerzos por encajar en el mundo.

Hay otros padres de acogida muy entregados, como Debbe Magnusen, que en mitad de la noche recibe bebés que nacieron adictos al *crack*. Como muchos otros, Debbe ha adoptado a los niños que tenía acogidos. Hay leyendas en el mundo de los padres de acogida, como Nina Coake, Judy Fields o Lennie Hart, que llevan más de treinta y cinco años dedicados a los niños maltratados y que luchan por los derechos de los niños acogidos. Pamela Eby es otra, una mujer que dedicó su vida a salvar niños hasta que perdió la batalla contra el cáncer.

No tengo palabras para expresar lo que siento cuando oigo insultar a un policía. Es imposible imaginar en qué mundo viviríamos si no fuera por los agentes de policía, que rescatan niños de situaciones abusivas y tienen que llevar chalecos antibalas por miedo a que les maten en una pelea doméstica. Cuando la gente se queja del sistema educativo, no se da cuenta de que los profesores y educadores son los primeros en ver a las víctimas de los malos tratos y que la situación les sobrepasa. Si tienen dudas, visiten una clase con setenta y cinco alumnos; allí es imposible educar, más bien hay que ejercer de guardia urbano. Además de padres y tutores, ¿quiénes tienen más influencia sobre nuestros hijos que los maestros? Otra gente a la que admiro y respeto por sus esfuerzos son los trabajadores de los servicios sociales: consejeros en los centros de menores, miembros de los servicios de protección de menores, oficiales de probatoria juvenil y abogados de oficio que ayudan a los padres de acogida.

Hay organizaciones que tienen un papel fundamental en la defensa de los niños, como los miembros de la *United States Junior Chamber of Commerce,* más conocidos como "jaycees." El principal objetivo de estos voluntarios es servir a la humanidad. Cada año, el estado de Nebraska recoge miles de dólares para su programa *Aid to Foster Children* y la organización dona árboles de Navidad a niños que nunca han visto ni olido uno. Su trabajo no acaba ahí. Invaden las tiendas con cientos de niños cogidos de la mano para acompañarles a comprar juguetes, algo que muchos de esos niños nunca habían hecho. Son niños que no quieren un *Game Boy* o unos tenis *Nike Air Jordan;* en lugar de eso, desean ropa de talla grande, para poder llevarla más tiempo.

Arrow Project es una organización parecida, una ONG que cubre las necesidades de niños y familias en varios estados a través de programas de acogida, diagnóstico y servicios educativos y otras actividades.

En marzo de 1994, estaba en Ohio dando una conferencia a agentes de policía local, profesores y trabajadores de los servicios sociales. La señora que me precedía dijo una frase que lo resume todo: "se necesita a toda una comunidad para salvar a un niño."

A menudo, debido a la ruptura de las familias y a la pérdida de valores, la falta de preocupación por los niños y la falta de directrices, los menores acaban convirtiéndose en máquinas de matar. Si nos preocupáramos de los jóvenes abandonados hoy, ¿acaso no tendríamos mejores adultos el día de mañana, un adulto preocupado por su comunidad en lugar de un convicto en la cárcel?

Aunque el "sistema" no es perfecto, funciona. Tengo la impresión de que el "sistema" no puede mejorarse, la sociedad le exige demasiado. Muchos criticamos al "sistema" y le pedimos que soluciones nuestros problemas a nuestro gusto y con rapidez.

Al igual que hacen los "jaycees" y el *Arrow Project,* quizás sea la sociedad la que deba ayudar a reducir las frustraciones de la gente que trabaja con menores. Quizás no sea mala idea enviar una postal a un maestro porque sí o para darle las gracias o entregar un ramo de flores a un asistente social. La próxima vez que veamos a un agente de policía, no estaría de más sonreír y saludarle o llevar una pizza a una familia de acogida. Si tratamos a los atletas y artistas como dioses, ¿por qué no podemos demostrar nuestro agradecimiento hacia los que tienen un papel tan fundamental en nuestra comunidad?

Aunque este libro muestra el funcionamiento del "sistema" desde dentro, su tema principal es un niño que parece llegado de otro planeta. Alguien puede pensar que una vez se aparta al niño del ambiente hostil, sus problemas desaparecen al instante. En realidad es entonces cuando empiezan los problemas. Como muchos otros niños que entran en el "sistema," yo crecí en un ambiente violento y abusivo. Tenía dos problemas: primero, sacarme de encima el lastre de mi pasado y, segundo, ser capaz de incorporarme a la sociedad.

Tuve mucha suerte. Un pasado oscuro me ayudó a preparar un futuro brillante, pero, como muchos otros niños perdidos, al principio me costó darme cuenta de que podía usar las mismas estrategias que me ayudaron a sobrevivir en el pasado y aplicarlas en el mundo real. Los niños acogidos son, en general, más maduros, resistentes y tienen las cosas más claras que los demás niños, porque han tenido que aprender a adaptarse desde muy pequeños. ¡La palabra clave es adaptación, no fracaso! La mayoría de los niños acogidos no esperan que se lo den todo hecho, se espabilan solos. Si no hubiera sido por la educación y el amor que recibí, podía haberme dejado llevar y haberle echado la culpa a mi pasado. El peor error que cometí fue abandonar la secundaria, pero, como muchos niños acogidos, tenía que adaptarme y sobrevivir. Después de conocer un mundo diferente, si quería salir adelante, tenía que echarle muchas ganas.

Aunque en ocasiones resultaba frustrante, la

acogida me dio la oportunidad de ver como vivían otras familias. Como muchos de los que han sido acogidos, no me di cuenta de lo que tenía hasta que me independicé. Los hijos acogidos nunca olvidan a los padres que les acogieron. A mí me ocurre lo mismo y, como otros muchos, me arrepiento de algunas cosas. La primera es que Harold Turnbough muriera antes de que naciera mi hijo Stephen. Otra cosa de la que me arrepiento es que Harold no pudiera ver mi primer libro, que fue nominado para el premio Pulitzer. Sin embargo, hoy vivimos muy cerca de Alice Turnbough. El mayor cumplido que le puedo hacer a mi madre de acogida es decir que ella es la abuela de mi hijo. Eso es lo que siento por su labor.

En enero de 1994, tuve el honor de presentar en Ottumwa, Iowa, un programa de formación para padres de acogida que habían llegado de toda la región durante una tormenta de nieve que paralizó parte del estado. Presenté un programa de trabajo para ayudar a niños que provienen de familias desestructuradas y aprender a tratar con ellos. Durante el curso, les expliqué como había procurado superar mi dolor soñando con un héroe. A primera vista, mi héroe no encajaba en la sociedad, pero mi héroe sabía quien era y sabía que quería ayudar a los necesitados. Yo me veía como un héroe. Volaba por los aires, llevaba una capa roja y una S en el pecho. Yo era Superman. Cuando lo dije, los padres prorrumpieron en aplausos. Mientras algunos lloraban, levantaron una pancarta que decía: "Superman era un niño acogido."

Benditos sean todos ustedes, los que trabajan con los niños y niñas perdidos.

Alice Turnbough
Madre de acogida

Dave vino a vivir con nosotros cuando tenía trece años. Supongo que aún soy su madre de acogida. Primero me pareció que tenía miedo y estaba a la defensiva. Era un poco salvaje y se sentía muy frustrado, pero la mayoría de las veces hacía lo que le decían.

Cuando Dave llegó, sólo había chicas adolescentes en la casa. Dave las volvía un poco locas, las seguía y no paraba de hablar con ellas. Se comportaba de forma extraña y ellas, no. No tenía gran cosa, pero lo que tenía lo cuidaba mucho. Todo tenía que estar en su sitio. Muchos niños acogidos son así.

Dave nunca actuó como un niño de su edad, punto. Siempre quería parecer mayor, hacer cosas y encontrar trabajo. Tenía trece años y ya pensaba en lo que haría a los veinte.

Llevo treinta años acogiendo niños; habré tenido en casa unos setenta y cinco. Todo empezó cuando un señor me presentó a dos niños que necesitaban ayuda.

Nunca pregunté por las causas. Esos niños eran como los demás, excepto por la forma en que les trataban. Lo que necesitan la mayoría de los niños acogidos es alguien con quien hablar. Como madre de acogida, me gustaría que mejorasen los procesos de entrega de los niños, para que cada cual vaya a la casa más adecuada, en lugar de dejarlos en la primera casa que esté disponible y rezar para que todo salga bien.

Una de las recompensas de acoger niños es ver que se convierten en las personas que tú habías soñado.

Siempre supe que David saldría adelante. Uno de los momentos más memorables fue cuando David se alistó en el ejército. Estaba muy contento y tuve que acostumbrarme al hecho de que siempre estuviera volando de un lugar a otro. Harold y yo nos sorprendimos de que se preocupara de labrarse un futuro. Muchos niños acogidos no se sienten motivados para hacerlo.

Aunque siempre supe que Dave saldría adelante, nunca pensé que llegaría tan lejos. El día en que me enteré de que había sido nombrado uno de los Diez Jóvenes Americanos Más Destacados fue uno de mis mejores días como madre de acogida. Los niños acogidos no suelen recibir ese reconocimiento público porque los prejuicios de nuestra sociedad hacen que se retraigan.

Dave fue el último niño acogido que salió de mi casa. Estoy muy orgullosa de ser su madre.

Dennis Tapley
Profesor

Llevo más de veinte años dedicado a la enseñanza. Cuando empecé a trabajar en San Bruno, los programas de educación especial, como se llaman ahora, acababan de recibir apoyo del gobierno federal. El programa de educación especial reconocía que algunos niños con ligeros problemas de aprendizaje no recibían la educación adecuada. Los niños que tenían dificultades a la hora de aprender tareas básicas iban a recibir una instrucción especial para remediar ese problema.

Se hablaba de que los educadores eran conscientes de los problemas emocionales que afectaban a esos estudiantes. Algunas familias criaban alumnos que llevaban a la escuela sus problemas familiares. Los problemas aparecían en los patios de los colegios o en dificultades de aprendizaje en el aula.

Los educadores hacíamos lo que podíamos al tratar con los padres de esos alumnos, pero esto ocurría dos décadas antes de que Dave Pelzer publicara su libro *El niño sin nombre;* Jane Smiley, *Heredarás la tierra,* y Susan Griffin,

Chorus of Stones. No sabíamos demasiado y se nos decía que debía ser así, por miedo a que nos acusaran de interferencia.

En los años 70, no se aceptaba la acogida de menores. Si un niño tenía que ser acogido era que algo no funcionaba, que los padres habían fracasado. La sociedad no quería afrontar ese fracaso, aunque se supieran los detalles de algunas situaciones terribles. Por ese motivo, la acogida se convirtió en algo muy negativo y la gente que participaba de ella, tanto los padres como los niños, eran vistos como ciudadanos de segunda. Se llegaba hasta pensar que los niños acogidos habían hecho algo mal, a diferencia de un huérfano, al que se consideraba una víctima inocente. Ha costado y sigue costando mucho aceptar lo que la acogida y los padres que participan en ella pueden conseguir.

Hoy en día, las técnicas de educación, un mayor conocimiento de la familia desestructurada y las pruebas directas de las consecuencias de una paternidad sin amor o con malos tratos son temas que todos conocen y que muchos educadores y psicólogos estudian. Los profesores y educadores aprenden a controlar, evaluar e intervenir si hace falta.

Llevo doce años dedicado a la educación especial. He visto problemas de aprendizaje y retrasos en áreas específicas, pero los problemas familiares y los malos tratos causan problemas emocionales y educativos que pueden resultar terribles. He visto estudiantes robar para llamar la atención o destruir el material de prácticas para apagar su sed de venganza. Son estudiantes incapaces de controlarse en público, que buscan una reacción de sus condiscípulos y profesores.

Los problemas causados por una paternidad deficiente pueden provocar mayores trastornos en el crecimiento intelectual y social de un niño que una minusvalía física. Un niño con unos padres que le apoyen y problemas de lectura aprenderá a leer más tarde que los demás, pero tengo la impresión de que tiene más oportunidades de salir adelante en la vida que un niño maltratado, aunque no tenga dificultades cognitivas.

David Pelzer es una excepción. Lo único que sabía de él era que su vida familiar había sido terrible, pero pronto me di cuenta de que se trataba de un individuo poco común. En clase no era tan revoltoso como los demás, sino que se movía más bien poco. Le llegué a conocer bien porque era un estudiante exigente que planteaba preguntas y esperaba respuestas. Ningún estudiante de secundaria se hubiera quedado después de las clases, sentado en mi mesa para llamar la atención. Se aseguraba de que se notara su presencia. A menudo, los estudiantes van a ver a sus profesores por simple amabilidad, pero David tenía otros objetivos y exigía reconocimiento a través de su actitud y su postura.

Incluso ahora, veinte años después, David es un estudiante poco común por su fortaleza y su franqueza. Debemos felicitarle por sus éxitos.

Carl Miguel
Oficial de probatoria

Dave Pelzer, un niño que había sido víctima de graves malos tratos, fue internado en el Centro de detención de menores de San Mateo en 1974. A causa de su pasado, su caso fue revisado inmediatamente por un equipo del centro que incluía un médico, un psicólogo y un supervisor. Se decidió colocarle en el ala C, una unidad para niños que habían sufrido abusos físicos, psicológicos o sexuales. Se trataba de una unidad especial con un elevado número de profesionales diseñada para fomentar al máximo el seguimiento personalizado de cada niño.

Los profesionales del ala C revisaron el caso de David y me lo asignaron durante su estancia en el centro. David estaba encantado con la atención individual y el programa de modificación de conducta. Se relacionó muy bien con los educadores y creció de forma espectacular, tanto en el aspecto social como en el emocional. Dave llegó a manos del sistema de justicia de menores cuando había recursos para tratar a cada individuo como tal.

David abandonó el centro de San Mateo en un estado mucho más saludable que el que tenía cuando entró allí. Quince años más tarde, en 1989, volvimos a encontrarnos de la forma más curiosa. Yo era el responsable del centro de Yuba/Sutter y Dave estaba destinado en la base aérea de Beale, en el condado de Yuba. Dave llegó al centro para ofrecer sus servicios como voluntario. Trabajó de forma muy efectiva como voluntario y firmó un contrato de media jornada con el centro, hasta que la Fuerza Aérea le trasladó a otro lugar.

Es un gran placer y una profunda satisfacción personal y emocional haber tenido la oportunidad de ver a David superar su terrible infancia. Es un ejemplo y un modelo para otros que hayan sufrido en circunstancias similares. Cuando Dave salió del centro en 1974, le deseé mucha suerte. Cuando volvió a entrar en el centro en 1989, como consejero, lloré y simplemente le dije: ¡bravo!.

Michael Marsh
Mentor

Un día de 1976, en el tranquilo barrio californiano de Menlo Park, un barrio de clase media, salí de mi garaje y me descorazonó la perspectiva que contemplé. Desde hacía un año, agentes inmobiliarios sin escrúpulos se quedaban con las casas del vecindario que salían al mercado y las convertían en propiedades de alquiler. La casa de al lado había sufrido esa transformación y los inquilinos eran una gente de aspecto deplorable que obtenía gran parte de sus ingresos haciendo de padres de acogida para el Estado de California.

Lo que vi aquel día fue su última "adquisición", un chico alto y delgado con una camiseta sucia y sin mangas. Estaba reparando el motor de una bicicleta a motor y tenía una mirada maliciosa —como parte natural de sus rasgos faciales— y unos ojos intensos que brillaban tras unas gruesas gafas.

No me gustó, porque pensaba que el esfuerzo que nos había costado a mi mujer y a mí comprar nuestra primera casa en un barrio decente que se estaba yendo al garete por culpa de especuladores inmobiliarios que hacían dinero trayendo familias a mi barrio. Pero David Pelzer no era tímido; de hecho, su amabilidad resultaba insistente. Cuando le fui conociendo, me di cuenta de que era una persona brillante, con un agudo sentido del humor, a pesar de que había tenido una infancia terrible y lo que parecía una adolescencia aún peor.

Al principio fue como domesticar a un animal, pero cuando nos fuimos conociendo, pasaba más y más tiempo en nuestra casa, preguntaba sobre mi experiencia en Vietnam, recorría mi biblioteca sobre aviones y quería hablar de casi todo. Mi mujer y yo empezamos a exigirle cosas, cosas sencillas, como cortesía y respecto. Tenía que llamar antes de entrar en casa. Tenía unos modales terribles y no sabía comer ni hablar por teléfono de forma correcta.

Llegó el día en que David dejó el vecindario. Sus "padres de acogida" no le parecían aceptables y no le reprocho que tuviera el coraje de arriesgarse y buscar algo mejor, pero se mantuvo en contacto con nosotros y empezó a venir los fines de semana, porque quería estar con los amigos que había hecho en el barrio y quería quedarse en nuestra casa. Le dijimos que sería bienvenido la mayoría de los fines de semana en prácticamente cualquier circunstancia, pero que antes tenía que llamar, pedir permiso y "reservar". Empezó a hacerlo y pasó algún tiempo hasta que llegaron los problemas. Problemas con una pistola de aire comprimido. Problemas con algunos vecinos que pensaban que David era una mala influencia para sus hijos. Hablamos de esas cosas y le dejé muy claro a David que, si había más problemas, se habían acabado las visitas al barrio.

Cuando le preguntábamos por su pasado o la escuela, respondía con evasivas, de manera que nunca supimos realmente cómo era su vida. Pasaron un par de años en los que hubo algunos problemas y llamadas de la policía de Menlo Park. David no fue nunca un individuo resentido o rebelde; tan solo era testarudo y tenía la virtud de encontrar problemas o de que los problemas le encontraran a él. Quizás era una errónea sed de aventuras, no lo sé. Un día le pregunté que cómo le iba en la secundaria y me dijo: —Ah, la he dejado—. Me puse como una fiera y le estuve hablando más de una hora. Cuando le pregunté por lo que pensaba hacer, me dijo que iba a vender automóviles. Me volví a enfadar. ¿Un adolescente delgaducho y con granos iba a vender autos en la bahía de San Francisco? ¡Por favor! Una semana más tarde llamó para decir que tenía el trabajo y que creía que le nombrarían vendedor del mes, lo que suponía que podría conducir un Corvette durante treinta días. Está bien, Dave, menuda recompensa...

Un par de meses más tarde recibí una llamada de David, que decía que quería visitarnos. Le dije: —No puede ser, tengo que ir al aeropuerto a recoger un cheque.

—Perfecto— me dijo—. Tengo algo que enseñarle—. Lo que quería enseñarme era, por supuesto, el Corvette negro del que iba a disfrutar durante el siguiente mes. Unos meses más tarde, apareció en un El Camino de su empresa, con una motocicleta en la parte de atrás. Dijo que pensaba probar otro trabajo. Le pregunté por sus planes y me dijo: —Bueno, me voy a Hollywood a hacer de doble—. Hubo un silencio muy embarazoso mientras mi mente incrédula digería sus palabras. Le intenté convencer, hablándole de su falta de experiencia y de aptitud física, su torpeza y, por supuesto, del hecho de que no conocía a nadie en Los Ángeles. Entonces le sermoneé media hora más sobre la importancia del diploma de secundaria.

Unos meses más tarde, aunque herido, David consideraba otro plan. Quería alistarse en el ejército, así que fuimos a los centros de reclutamiento y empezamos ver videos de paracaidistas y fuerzas especiales. A David le parecían muy bien, por supuesto, pero al ejército David ya no le parecía tan bien. ¿No te graduaste de secundaria? Pues lo siento. Quizás hizo falta aquella experiencia para que la importancia del diploma de secundaria se le metiera en esa cabeza tan dura que tiene. Al cabo de unas semanas me llamó y dijo: —¡Lo conseguí! El ejército me acepta y podré sacar el diploma—. Lo había conseguido solo y finalmente iba a enfrentarse al mundo. Yo estaba contento, esperanzado y orgulloso de él, por ir a lo práctico, por decirlo de algún modo.

Un poco después de que David se alistara, nos trasladamos a Denver, Colorado. David lo sabía y le destinaron a la base aérea de Lowry en Denver. El primer fin de semana que pasamos en nuestra nueva casa lo tuvimos con nosotros. Después le enviaron a Florida, donde no estaba muy contento con su destino: las cocinas. Le aconsejé que tuviera paciencia y finalmente sacó provecho de su destino y acabó cocinando para los reclutas de las fuerzas especiales que recibían entrenamiento en los pantanos de Florida. Después fue a la escuela de paracaidismo y, al recibir su acreditación, pasó a formar parte de una hermandad extraordinaria.

Entonces siguió su camino y al final encontró su lugar: ¡en un avión de reaprovisionamiento de combustible! Era el encargado de repostar en vuelo el avión espía supersecreto Mach 3, el SR—71 Blackbird. Pasó años en esa misión. Durante ese periodo, dedicó parte de su tiempo a los que le rodeaban, en la base y fuera de ella. La conciencia de lo que tenía y de lo que era le llevaron a aliviar los sufrimientos de los demás, a solucionar problemas y a contribuir en la medida de sus posibilidades.

En enero de 1993, yo estaba en el *Center for the Performing Arts* de Tulsa, Oklahoma, mientras le entregaban un premio. Había abandonado el ejército y seguía avanzando en la vida. Aquella tarde, que culminaba una semana de celebraciones, la *United States Junior Chamber of Commerce* le nombró uno de los Diez Jóvenes Americanos del año. La lista de los que han recibido ese honor incluye a las mayores personalidades de la industria, la política y la sociedad estadounidenses. Allí estaba David, el aprendiz de doble de Hollywood, que se había arriesgado y lo había conseguido con firmeza, valor, resolución y quizás también un poco de suerte. Estoy orgulloso de lo que fuiste, David, aquella persona herida que se resistía a morir, y aún estoy más orgulloso de la persona en la que te has convertido, una persona generosa, preocupada por los demás, un chico que no ha perdido el sentido del humor y un toque diestro y sensible. Felicidades, David. Te quiero.

Conferencias, seminarios, talleres y reuniones escolares

Dave está considerado como uno de los comunicadores más eficaces y respetados de Estados Unidos y desarrolla esta labor en empresas, congresos y con profesionales de los servicios sociales. Sus conferencias se centran en la motivación interna, la superación de obstáculos, el incremento de la autoestima y la obtención de metas. Además organiza talleres para quienes trabajan en los campos de los servicios sociales, educativos y policiales. Dedica la mayor parte del tiempo a trabajar para Youth at Risk, reuniones escolares de enseñanza secundaria en que se presentan programas específicos sobre la prevención del maltrato infantil, la información sobre las consecuencias de las drogas y el alcohol y la responsabilidad personal.

Su lema sigue siendo: "Ayudar a otros... a ayudarse a sí mismos."

Para más información específica sobre los programas de Dave, escriba o llame a:

D-ESPRIT

P. O. Box 1385	Teléfono: 707-869-2877
Guerneville, CA 95446	Fax: 707-869-4424
Página de Internet:	*www.davepelzer.com*

Para todos los que han sabido cambiar su vida y la de los demás, con mis mejores deseos.

DAVE PELZER

CPSIA information can be obtained
at www.ICGtesting.com
Printed in the USA
LVHW031743211119
638114LV00013B/780/P